Der Autor

Erich Keller, Jahrgang 1949, ist ursprünglich Betriebswirt und ausgebildet in Psychotherapie und Coaching. Er ist Autor zahlreicher Veröffentlichungen. Als psychologischer Coach und Kursleiter arbeitet Erich Keller seit 1990 mit den verschiedensten Methoden humanistischer Psychotherapie und Bewusstseinsmanagement, zudem ist er Dozent an einem Schweizer Institut für angewandte Psychologie und Kursleiter bei Fortbildungsreihen für Erwachsenenbildung.

Von dem Autor sind in unserem Hause erschienen:

Endlich frei! Mit EFT

Endlich frei in der Partnerschaft

Erfolgsblockaden auflösen mit EFT

ERICH KELLER

Erfolgsblockaden auflösen mit EFT

Ziele erreichen
Wünsche erfüllen
Stillstand überwinden

Ullstein

Besuchen Sie uns im Internet:
www.ullstein-taschenbuch.de

Allegria im Ullstein Taschenbuch
Herausgegeben von Michael Görden

Umwelthinweis:
Dieses Buch wurde auf chlor- und säurefreiem Papier gedruckt.

Originalausgabe im Ullstein Taschenbuch
1. Auflage April 2007
2. Auflage 2007
© by Ullstein Buchverlage GmbH, Berlin 2007
Umschlaggestaltung: FranklDesign, München
Titelabbildung: www.vietmeyer.com
Gesetzt aus der Minion
Satz: Keller & Keller GbR
Druck und Bindearbeiten: GGP Media GmbH, Pößneck
Printed in Germany
ISBN 978-3-548-74377-6

INHALT

Vorwort 8

EINFÜHRUNG 11

Was ist EFT und was kann die Methode? 11
Die psychologische Umkehr oder Selbstsabotage 16

DIE EFT-METHODE 21

Die Methode – Basissequenz 21
Der EFT-Prozess auf einen Blick 34

Abrundung der Methode 35
Neue Themen tauchen auf 35 – Skepsis, Misstrauen, Einwände
36 – Der Prozess bleibt stecken 37 – Unerwünschte Emotionen
durch das Klopfen 39 – Das Problem wird nicht gefunden 40 –
Verzeihen und Auflösen von Selbstkritik 40 – Erlauben 42 – Verdienen 42 – Aspekte erforschen 43 – Bedenken nach dem Prozess 48 – Der Wert der Beständigkeit 48 – Spezielles EFT 49 –
Stellvertretendes EFT 50 – Systemisches EFT 50

EFT klappt nicht 53
Switching 53 – Kinesiologischer Muskeltest 55

Blockaden, Grenzen, Unmöglichkeiten 59
Lösungssätze für psychologische Umkehrungen 61 – Allgemeine
Korrekturen für psychologische Umkehrungen 65 – Negative
Glaubenssätze als Selbstsabotage 66 – Nicht annehmen, nicht
helfen lassen 70 – Systemische Begrenzungen 73 – Wertekon-
gruenz 74 – Spezifische Erlebnisse 78 – Unbewusste Beschränkungen oder Einschränkungen 79 – Auflösen von allerlei Begrenzungen 82

ERFOLGSTHEMEN 87

Erfolg mit Glück 87
Erfolg mit Erfolg 94
Erfolg mit Wünschen und Zielen 105
Erfolg mit Geld und Wohlstand 111
Erfolg mit Arbeit und Unternehmen 122
Erfolg mit Abnehmen und anderen Körperthemen 136
Erfolg mit Kreativität und Kunst 152
Erfolg mit Lernen 157
Erfolg mit öffentlichem Reden 161
Erfolg mit Aufschieberitis - Procrastination 167
Erfolg mit Freizeit- und Leistungssport 175
Erfolg mit Sorgen über die Zukunft 187

ERGÄNZUNGEN ZUR METHODE 192

Spezielle Techniken 192

EFT-Variante »Wechselnde Sätze« 192 – EFT-Variante »Thema zerlegen« 194 – EFT-Variante »Gegenteil-Klopfen« 195 – EFT-Variante »Stagnation überwinden« 197

Und wie bleibe ich erfolgreich? 201

Der EFT-Prozess auf einen Blick 203

Informationsempfehlungen 204

Kontakte 205

VORWORT

Was haben die Menschen gemeinsam, die ihre Ziele nicht erreichen, erfolglos versuchen abzunehmen, viele Gelegenheiten verpassen, immer zu spät kommen, trotz vielversprechendem Talent nicht malen können, beim Sport nie über eine bestimmte Leistungsgrenze hinauskommen, nie mit Geld erfolgreich sind oder wiederholt versagen?

Sie alle haben eine energetische Blockade. Um diese Blockaden geht es in diesem Buch. Es beschreibt nicht nur ihre Ursachen und Wirkungen, sondern auch die sehr einfache und effiziente Methode EFT (Emotional Freedom Techniques). Mit dieser Methode können diese Blockaden aufgelöst oder umgangen werden. Mit Blockaden ist hier eine psychologische Sperre im Energiesystem gemeint, die verhindert, dass Sie das erleben, was sie möchten, sosehr Sie sich das auch wünschen.

EFT ist eine Methode der energetischen Psychologie. Sie müssen kein Psychologe oder Therapeut (EFT ist keine Therapie!) sein, Sie brauchen keine spezielle Ausbildung, um die Methode des Amerikaners Gary Craig (ursprünglich Ingenieur) zu nutzen. Das Erfreuliche an dem Entdecker ist seine Großzügigkeit, mit der er die Methode jedem ohne große Kosten zugänglich macht. Zum Beispiel kann jeder von seiner Webseite das Handbuch – mittlerweile in mehrere Sprachen übersetzt – kostenlos herunterladen.

Gary Craig hatte EFT schon vor etwa 15 Jahren entwickelt und es dauerte eine Weile, bis die Methode ihren Weg nach Europa fand. Aber so ist es ja mit allem Neuen. Und nun lesen Sie darüber und bald werden auch Sie von der sogenannten Klopftechnik profitieren.

EFT basiert auf der Erkenntnis, dass energetische Blockaden die Ursache wiederholt erfahrener Situationen wie Hemmungen, Stagnation, Misserfolg, Versagen, Verluste und damit verbundener Emotionen sind – selbst wenn man sich sehr anstrengt und aufmerksam ist, man erlebt es wieder und wieder. Na, vielleicht kennen Sie es auch von sich selbst: Sie erleben immer wieder das gleiche Unangenehme? Sie zögern die Abgabe der Steuerklärung bis zum Äußersten hinaus? Sie treffen immer wieder die falschen Menschen? Sie bekommen nie genug, Sie haben nie genug, Sie stehen wie vor einer unsichtbaren Wand?

Allen diesen Dingen wird im Verlauf des Buches nachgegangen und praktische, nachvollziehbare Möglichkeiten aufgezeigt, sowohl die momentanen Blockaden als auch deren mögliche Selbstsabotagen aufzulösen.

Das Außergewöhnliche an der Methode EFT ist, dass sie auf einfache Weise jegliche Blockaden lösen kann. Der Methode ist es gleich, wie groß oder klein das Thema ist.
EFT wirkt nicht nur bei Erfolgsblockaden, sondern in einem breiten Spektrum körperlicher, emotionaler und mentaler Blockaden. Das habe ich in zwei weiteren Büchern beschrieben (Siehe letzte Seiten des Buches).

Wie lesen Sie dieses Buch? Als Anfänger oder Einsteiger in die Methode ist es gut, die Grundlagen der energetischen Psychologie oder des EFT zu kennen, um zu verstehen, was da geschieht.

Wer EFT schon kennt wird in den Grundlagen und der Methode Auffrischungen finden, denn auch der Autor hat Neues gelernt. Sie können genauso gut auch gleich mit den zahlreichen authentischen Fallbeispielen beginnen.

Die Beispiele sind gelegentlich mit speziellen Techniken des EFT ergänzt, mit der die Methode noch eleganter und erfolgreicher durchgeführt werden kann. Mit diesen Techniken bewegen Sie sich schon auf der Ebene eines Fortgeschrittenen.

Wahrscheinlich finden Sie sich selbst oder andere Menschen in den Fallbeispielen wieder; jetzt haben Sie die Gelegenheit EFT gleich anzuwenden und bei sich selbst zu »klopfen«. Nutzen Sie EFT für sich und andere wie Familienmitglieder, Partner, Freunde, Bekannte, Kollegen – je mehr und je öfters Sie EFT machen, desto besser werden Sie, desto mehr Erfolge werden Sie erzielen.

EFT hat so vielen Menschen das Leben erleichtert und bereichert – warum nicht auch Ihres? Ich wünsche Ihnen diese Erfahrung.

Einführung

WAS IST EFT UND WAS KANN DIE METHODE?

EFT ist eine psychologische Version der Akupunktur – ohne Nadeln. Eine spezielle Sequenz von Energiepunkten wird mit den Fingerspitzen geklopft, während die Person sich auf ihr »Thema« einstimmt. Durch das Klopfen auf den Punkten können sich energetische Blockaden, die körperliche, emotionale oder mentale Symptome zur Folge haben können, auflösen.

In diesem Buch wird EFT hauptsächlich eingesetzt, um unbewusste Selbstsabotagen bzw. Blockaden aufzuspüren und aufzulösen. Um nachteilige, schädigende, negative Denk- und Verhaltensmuster aufzulösen.

Damit wäre alles erklärt?

Ja für die Leser, die EFT schon anwenden oder sich mit Energetischer Psychologie, Traditioneller Chinesischer Medizin, EMDR usw. beschäftigt haben. Nein für die Leser, die sich hier auf ein völlig neues Gebiet begeben und Hintergründe brauchen. Sie müssen sie nicht kennen, um EFT zu lernen und zu praktizieren. Aber vielleicht ist es ja interessant.

Was wir heute unter Methoden der Energetischen Psychologie kennen, hatte seinen Anfang vor mehr als 20 Jahren mit einer Entdeckung des amerikanischen Psychologen Joseph Callahan. Er kombinierte so genannte Klopfpunkte aus der Akupunktur und Kinesiologie mit seiner psychologischen

12   Einführung

Arbeit. Callahan konnte durch das Klopfen eines Punktes bei einer Patientin eine jahrelange Wasserphobie und Albträume beenden. Die ursprüngliche Callahan Technique, die heute Thougt Field Therapy (TFT) genannt wird, bestand aus einer Serie von verschiedenen Klopfreihenfolgen, dem Klopfen bestimmter Akupunkturpunkte, wobei sich der Klient auf sein Symptom oder sein Thema konzentriert. Gary Craig, einer seiner Schüler, vereinfachte die Methode dahingehend, dass es nur noch *eine* Reihenfolge von Klopfpunkten gibt. So ist die Methode leicht erlernbar und praktizierbar.

EFT folgt der Annahme, dass Energieblockaden mit ihren mentalen, psychischen, psychosomatischen und physischen Folgen behandelt werden können, indem man das subtile Energiesystem des Körpers anspricht. Der Kernsatz des EFT lautet:

> Die Ursache aller mentalen, emotionalen und körperlichen Symptome liegt in einer Unterbrechung des Energieflusses. Die Unterbrechung geschieht durch eine Blockade. Wird die Blockade aufgelöst (was EFT macht), verschwindet das Symptom.

Wie entstehen die Blockaden?
Jegliche unangenehmen, schmerzlichen, ängstigenden – also negativen Erinnerungen – bilden eine Blockade. Auch unbewusste negative Glaubenssätze können blockieren, das zu erleben, was Sie sich wünschen.

Was bei EFT tatsächlich befreiend wirkt, ist, dass der automatische Mechanismus, *Negativer Gedanke* → führt zu *Energieblockade* → führt zu *Symptom/Problem,* unterbrochen wird, indem die Energieblockade aufgehoben wird, während die Person sich auf ihr Thema konzentriert.

Es ist für das Anwenden der Methode nicht wichtig, die Details über die Punkte und Meridiane zu wissen. Um ein Verständnis für die beklopften Punkte beim EFT zu bekommen, wird einer der Punkte jetzt ausführlich beschrieben:

Der Punkt »Unter Nase«
Meridian: Gouverneurs- oder Lenkergefäß

Das Gouverneursgefäß ist eine Art Steuerungsmeridian. Der Gouverneursmeridian nimmt energetische Reservekapazitäten des Yang, der männlichen Energieform, auf. Er verläuft vom Steißbein über die Mittellinie des Rückens aufsteigend über den Kopf bis zur Oberlippe. Der Meridian beeinflusst alle Yang-Meridiane (Dickdarm, Dünndarm, Gallenblase, Blase, Magen, Dreifacher Erwärmer). Er steuert das Lymphsystem, das Gehirn (insbesondere die Verbindung zwischen linker und rechter Gehirnhälfte) und die Wirbelsäule.
Die Akupunktur sagt, dass er durch seine Verbindung mit dem Nierenmeridian besonders für die Verteilung und Koordination des angeborenen, essentiellen Chi zuständig ist, also eine Art Steuerfunktion für unser angeborenes Potenzial ausübt.
Eine energetische Blockade des Gouverneursgefäßes kann, neben körperlichen Symptomen, zu nicht ausreichendem Durchsetzungsvermögen und Selbstbewusstsein (auch der Sexualität), geringer Aufrichtigkeit und Standhaftigkeit führen. Man kann für sich selbst nicht einstehen, man steht nicht zu sich und seinen Qualitäten.

14 Einführung

Das führt zwangsläufig zu Selbstzweifeln, Minderwertigkeitsgefühlen, Schwäche, Verlegenheit, Scheu.
Da die Blockaden oder Hemmungen, mit denen sich dieses Buch befasst, sehr viel mit diesen Zuständen in Verbindung stehen, ist dieser Punkt besonders interessant.
Durch das Klopfen auf diesem Punkt (er gehört zur EFT-Klopfroutine) kann oftmals mehr Energie zur Verfügung stehen und sich eine mentale Klarheit einstellen.

***

Was Sie erfahren sollten ist die Tatsache, dass durch das Klopfen auf den Punkten elektrochemische Veränderungen der Gehirnströme stattfinden, weil Impulse an die Hirnareale gesendet werden. Und dass Botenstoffe wie beispielsweise Serotonin ausgeschüttet werden oder bestimmte Organe einen stärkeren oder reduzierten Energiezufluss erfahren.

Die Sache mit der Beeinflussung der Gehirnströme ist insofern interessant, da sie eine Erklärung dafür gibt, warum beispielsweise Angst- oder Panikzustände innerhalb einer Sitzung mit EFT aufgelöst werden können. Es ist schon schwer akzeptierbar für den Außenstehenden, wenn ein Mensch mit Höhenangst (was aber tatsächlich eine Tiefenangst ist – ein hartnäckiger Irrtum, der viele Therapiebemühungen zunichte oder mühsam macht) nach 30 Minuten EFT auf den Balkon im 10. Stock geht und sagt: »Das sieht ja interessant aus!«
Hier haben sich in diesem Fall Hirnfrequenzverhältnisse deutlich verändert. Je mehr sich die Frequenzen im zentralen und im vorderen Teil des Gehirns normalisieren, umso mehr

gehen bei diesem Beispiel die Angst- oder Paniksymptome zurück. Was so nebenbei geschieht, ist, dass Botenstoffe aktiviert werden, Impulse an Hirnareale gesendet werden und der Energiefluss gesteigert wird.

Durch das Klopfen können auch jahrzehntelange negative, blockierende Denk- und Verhaltensmuster unterbrochen werden und eine Wahl für eine andere Denkweise und ein anderes Verhaltensmuster getroffen werden – meistens natürlich das positive Gegenteil.
Das kann durch ein- oder mehrere EFT-Anwendungen geschehen. Entweder durch Sie selbst oder einen erfahrenden EFT-Berater.

In einer speziellen Sequenz des EFT – der Gamutsequenz – werden für den außenstehenden Laien merkwürdige Augenbewegungen gemacht, gezählt und gesummt. Wozu denn das? Um die Lösung des Themas im gesamten Hirnareal zu vernetzen und belastendes Gedankenmaterial zu neutralisieren. Das mit dem Augenbewegungen stammt aus der Methode Eye Movement Desensitization and Reprocessing (EMDR).

Ein Kursteilnehmer, der EFT gelernt hatte und regelmäßig anwendete, berichtet mir zu diesem Ablaufschritt des EFT: »Ich möchte dir gerne interessante Erfahrungen mit EFT erzählen. Es geht um das Augenrollen. Mein Denken und Fühlen hat sich während des Augenrollens total verschoben. Ich war im Schmerz wegen einer Arbeitskollegin, die ich gerne näher kennen gelernt hätte, und die sich für mich nicht öffnen kann oder will. Ich bin diesbezüglich aus vielen Gründen

16   Einführung

seit Jahren überempfindlich, hilflos, zu verspannt und lange
hatte ich praktisch kein stabiles emotionales Gerüst, um mit
weiblicher Ablehnung umzugehen. Aber als ich kürzlich im
Schmerz die Augen rollte, kam mir der Gedanke: ›Du musst
alles anschauen.‹
Und in der Tat sah ich dann den Arbeitsplatz, den Arbeitgeber,
die Kollegen, die vielen offenen Türen, die eigentliche Zwang-
losigkeit in meinem Leben, was alles stimmte.
Dies geschah im Moment des Augenrollens und nahm mir
das Gefühl, überfordert zu sein, total weg. Ich war praktisch
sofort souverän – und überrascht. Ich glaube auch etwas für
zukünftige Momente solcher Art gelernt zu haben... Während eines weiteren Augenrollens war mir, als ob meine Seele
seit vielen Jahren mit den Augen auf einen einzigen Punkt ge-
starrt hätte, und nun lenkte sie ihre Augen von diesem Punkt
ab und begann wieder, umherzuschauen...
Mein Leben hat also viel Schmerz weniger, und es gibt diesbezüglich keine dauernden inneren Verspannungen mehr. Es
ist *sehr beeindruckend*, wenn sich Dinge bewegen, die jahre-
lang starr waren.«

Die psychologische Umkehr oder Selbstsabotage

Roger Callahan entdeckte ebenfalls das nach ihm benannte
»Callahansche Gesetz« – heute bekannt als psychologische
Umkehr (psychological reversal). Er hatte Klienten, bei denen
sich kein Fortschritt einstellen wollte. Selbst wenn sie sich
beispielsweise bewusst dafür entschieden hatten, ein schäd-
liches Verhalten aufzugeben, oder sich wünschten, gesund,
erfolgreich, stark, selbstbewusst und glücklich zu sein, gelang

es ihnen immer wieder, genau das Gegenteil zu erfahren oder zu tun.

Von psychologischer Umkehr spricht man, wenn die rational positiv bewerteten Ziele (»Ich will glücklich sein.«) unbewusst abgelehnt und sie sogar blockiert (»Ja, aber...«) werden. Dies kann Ausdruck einer tief sitzenden Selbstblockade oder eines Selbstzerstörungsprogramms sein. Negative Wünsche, Skeptizismus, Verwünschungen, Verfluchungen, Ideale, Gelöbnisse spielen oft eine große Rolle. Auch Einflüsse aus dem Informationsfeld der Herkunftsfamilie bestimmen die Gefühle, das Denken und Verhalten. Sie wirken wie ein »Bann« und sind Veränderungsblockaden.

So beispielsweise ein auf die Zukunft gerichtetes Gelöbnis, das ein heute fünfzigjähriger Mann als Neunjähriger ablegte und sein Leben heute noch bestimmt: »Ich werde arm, aber glücklich!« (Er ist aber nicht glücklich mit seinem bescheidenen Leben.)

> Erst wenn diese *Umkehr* aufgehoben ist, wird die *Blockade* aufgelöst sein. Das macht EFT mit dem *Lösungs- oder Einstimmungssatz*, der vor jedem Klopfdurchgang ausgesprochen werden sollte.

Es geht in diesem Buch vor allem um Situationen, von denen Sie sich wünschen, sie verändern zu wollen, aber nicht verändern können. Oder wenn Sie einem anderen Menschen EFT geben und sich die Situationen doch wiederholen – beispielsweise negative Gedanken wieder auftauchen oder schädigendes Verhalten weiter stattfindet.

Es muss also noch eine verborgene Kraft da sein, die sich dem Auflösen der Blockaden und dem Erfolg widersetzt.

18   Einführung

Die persönlichen Begrenzungen (Widerstände, Blockaden) sind sehr individuell und spezifisch. Sie agieren typischerweise unter der bewussten (Verstandes-)Ebene. Sie sind automatisch, lassen uns nicht wissen, warum wir auf eine Weise reagieren oder agieren. Diese »unbewussten Anleitungen« sind in der Kindheit, meist frühen Kindheitstagen, bis zum Alter von 18 bis 22 Jahren gelernt und angelegt worden.

Glaubenssätze, Prophezeiungen, Überzeugungen, Erwartungen, Glaube – all das löst einen Prozess aus, der dazu führt, dass ein Mensch erlebt, was er glaubt. Glauben heißt hier nicht unverbindlich meinen, sondern mit unverrückbarer Gewissheit daran festhalten, die »Wahrheit« zu wissen. Erwartungen in diesem Sinne sind mit Gewissheit und Überzeugung verbunden. (Die Gewissheit und die Überzeugung lassen sich leicht aushebeln: »*Wie können Sie beweisen, dass das für immer gilt?*«)

Das allabendliche Seufzen meines Vaters, wenn er von der Arbeit nach Hause kam mit der Bemerkung »Scheiß Arbeit!«, mit anschließendem Niedersinken auf dem Sofa, führte beim kleinen Erich zu der Überzeugung, dass Arbeit so ist. An seinem ersten Arbeitstag kam der junge Erich abends nach Hause, fühlte sich völlig erschöpft und sagte dasselbe. Wie eine lebenslange Freiheitsstrafe kam ihm das vor ihm liegende Arbeitsleben vor. Obwohl der rationale Verstand durchaus etwas tun und erreichen wollte. Die Motivation war da und wurde von der Überzeugung sabotiert.

Die meisten Menschen haben zahlreiche Blockaden und Einschränkungen zu den unterschiedlichsten Themen in sich ge-

Die psychologische Umkehr oder Selbstsabotage   19

speichert, die dann auch noch mit emotionaler Intensität verbunden sind. Denken Sie nur einmal daran, wie schwer es Ihnen fällt abzunehmen, Neues zu lernen, sich mehr zu bewegen, unangenehme Aufgaben zu bewältigen oder mit einem ungeliebten Computer zu arbeiten.

Bei solchen Themen können eine ganze Menge unangenehmer Gefühle auftretet, die man ganz sicher nicht haben will. Deshalb werden solche unangenehmen Situationen vermieden, solange es eben geht. Aber manchmal geht es eben nicht mehr und man muss sich der Situation stellen, sich entscheiden, etwas anderes tun – auch wenn die unangenehmen Gefühle wie Angst, Panik, Furcht fast unerträglich sind. Psychologen bezeichnen dies als das Verlassen der Komfortzone.

Eine psychologische Umkehr hindert uns auch daran, Lösungen zu erkennen, selbst wenn wir das Wissen dazu haben. Sie verhindert ebenso das Umsetzen von Lösungen, selbst wenn die Fähigkeiten dazu da sind. »*Ich möchte natürlich gute Seminare geben und viele Menschen in den Seminaren haben – klar, aber ich kann Menschen einfach nicht ansprechen. Irgendwie schaffe ich es nicht!*«

Man kann sich gegen die psychologische Umkehr wehren und sich über sie hinwegsetzen, doch das kostet eben Kraft und ist langfristig keine zufrieden stellende Lösung. Die psychologische Umkehr lässt sich durch das Behandeln zweier Punkte beim EFT automatisch korrigieren.

Dazu wird ein Affirmations- oder *Lösungssatz* ausgesprochen. Durch die positive Gestaltung der Affirmation »*Auch*

20 Einführung

wenn ich . . ., liebe und akzeptiere ich mich voll und ganz.« bzw.
»Ich bin völlig in Ordnung, auch wenn ich . . .« entkräften wir
den Widerstand gegen eine Sache, ein Thema, ein Symptom.
Und wir übernehmen außerdem Verantwortung für die Störung. Wir sind es, die uns stören oder behindern – nicht andere, nicht Umstände, nicht das Klima, nicht Gott etc. Wir
akzeptieren unseren Beitrag durch das Klarstellen und Benennen. Wir können uns nicht verändern oder etwas korrigieren, solange wir uns nicht dazu bekennen und es benennen!

Es ist so einfach und so wirksam und kann monatelange psychologische Beratungen oder Coachingmaßnahmen erheb-
lich abkürzen. Positive Ergebnisse stellen sich normalerweise
sofort ein und sind von Dauer.

Die EFT-Methode

Kommen wir nun zur EFT-Methode. Sie ist einfach, braucht nicht viel Zeit, kann durchaus mehrfach täglich gemacht werden, wenn sich ein Thema als hartnäckig erweist. Am Ende des Buches finden Sie ein Schaubild, das Ihnen hilft, EFT leicht und flüssig durchzuführen. Wie die meisten Anwender werden Sie nach einigen Durchgängen diese nicht mehr brauchen. Es ist wie mit dem Schwimmen – wenn man es kann, braucht man keine Anleitungen mehr.

DIE METHODE – BASISSEQUENZ

Sie umfasst folgende Schritte:

❶ Thema finden, klären

❷ Einschätzung/Stresswert abfragen

❸ 3-mal Lösungssatz sprechen und dabei Einstimmungszone massieren

❹ Basissequenz klopfen

❺ Gamutsequenz durchführen

❻ Basissequenz klopfen

❼ Einschätzung/Stresswert wieder abfragen

Der gesamte Prozess dauert 2–3 Minuten, wenn das Thema oder Problem möglichst genau definiert ist.

22   Die EFT-Methode

Nun zu den Einzelheiten. Wenn Ihnen beim Lesen der Gedanke »Das lerne ich nie!« oder »Das kann ich mir nicht merken!« kommt, dann ist das schon die erste Übung, die Sie mit EFT machen können.

❶ Thema finden, klären

Normalerweise will jemand mit EFT behandelt werden oder die Methode bei sich selbst anwenden, weil etwas als störend, belastend, einengend, einschränkend empfunden wird. Hinter einem Thema können verschiedene und völlig andere Aspekte (als Aspekte werden hier die Hintergrundgeschichten oder die damit verbundenen Themen bezeichnet) verborgen sein. Für den Anfang gilt: Je genauer die Beschreibung des Themas, desto eher kann es sich auflösen.

Klare Aussagen sind wichtig. Je spezifischer das Thema genannt wird, desto eher wird es getroffen. Keine Generalisierungen wie

»Ich bin nie erfolgreich.«
»Ich kann keine Texte lernen.«
»Ich habe nie genug Geld.«
»Dieses komische Gefühl vor dem Auftritt.«
»Irgendwie klappt nichts bei mir.«

behandeln, sondern nach konkreten Situationen suchen/fragen und diese mit EFT angehen.

»In der Öffentlichkeit sprechen, insbesondere bei Meetings in der Firma, macht mich unsicher.«

»Mein Einkommen ist nur halb so viel, wie ich für mich haben möchte.«
»Ich schaffe es nicht, einen guten Job zu finden, wo ich meine organisatorischen Fähigkeiten entfalten kann.«
»Ich fühle mich klein und bedeutungslos bei wohlhabenden und intelligenten Menschen.«

Bei der Beschreibung von Geschichten aus dem Leben der Person, die EFT erhält, oder bei Ihren eigenen Geschichten gilt es, auf das Ansteigen von Emotionen zu achten und jede Emotion sofort zu behandeln. Wenn sich die Faust ballt, der Atem stockt, Erröten sichtbar wird, dann ist hier eine starke emotionale Ladung vorhanden, die auf ein unerlöstes Thema hinweist.
Es kann sein, dass die Emotionen oder körperlichen Erscheinungen sehr stark sind. So sind diese erst einmal mit EFT anzugehen, bis sie sich beruhigt oder aufgelöst haben.

▶ *»Auch wenn mir jetzt der Atem stockt, liebe und ...«*
▶ *»Auch wenn mich das jetzt traurig macht, liebe und ...«*

❷ Einschätzung/Stresswert abfragen

Am Anfang und Ende jedes Durchgangs steht die Einschätzung der Intensität des Themas oder des Stresses, den das Thema auslöst. Im folgenden Text spreche ich oftmals daher vom »Stresswert« oder »Wert«. Die Skala reicht von 0 bis 10. Bei sehr heftigen Themen kann auch ein Wert weit über 10 genannt werden. Sie brauchen diesen Wert, um einen Fortschritt und letztlich die Auflösung des Themas zu erkennen.

24 Die EFT-Methode

| Stresswert 0: | | Stresswert 10: |

Stresswert 0:

Ich spüre nichts mehr

Ich habe es vergessen

Das Thema berührt
mich nicht mehr

Ich bin völlig aus-
geglichen und ruhig

Stresswert 10:

Es ist unerträglich

Ich habe es so satt

Es beeinträchtigt
mein Leben stark

Es ist ein über-
mächtiges Gefühl

Bekomme
keine Luft mehr

| 0 | 1 | 2 | 3 | 4 | 5 | 6 | 7 | 8 | 9 | 10 |

Wenn es um diese Bewertung/Skalierung geht, fragen Sie immer nach dem **JETZIGEN** Grad von Stress, Beeinträchtigung, Emotionalität, Angst, Panik, Schmerz, Scham, Einschränkung. Nicht, wie es **DAMALS** war, wenn es um vergangene Situationen geht.

Die Person wird beispielsweise gefragt, wie sehr sie ihr wiederholtes Versagen behindert, stört, schmerzt.

»*Wie **stark** ärgert Sie **jetzt** dieses Versagen im Beruf?*«
»*Wenn Sie **jetzt** an Ihre Versagen beim Malen denken, wie **sehr** macht Sie das traurig, ärgert Sie das?*«
»*Wenn Sie **jetzt** an Ihren Ärger wegen des Versagens bei der Ansprache denken, wie **groß** ist er?*«

Die Methode – Basissequenz

Fragebeispiele

»Wenn Sie sich jetzt vorstellen,...
»Wenn Sie jetzt daran denken,...
»Wenn Sie sich selbst jetzt zuhören,...

wie sehr belastet Sie das?«
wie sehr werden Sie emotional?«
wie sehr stört Sie das?«
wie sehr verurteilen Sie das?«
wie sehr schämen Sie sich dafür?«

❸ Die Einstimmungzone, der Lösungssatz

Zur Einstimmung wird der gefundene Lösungssatz auf die *Einstimmungszone* »übertragen«.

Diese Zone liegt im Brustbereich, und zwar ca. 10 cm unterhalb der Delle unter dem Adamsapfel und dann noch mal 10 cm nach links oder rechts, zwischen zweiter und dritter Rippe (*sore spot*, ein neurolymphatischer Reflexpunkt, der bei Druck etwas schmerzhaft zu spüren sein kann).

Als Alternative bietet sich der *Karatepunkt* an, den Sie später in der Übersicht finden (Außenseite der Hand unter dem unteren Gelenk des kleinen Fingers).

26   Die EFT-Methode

Die *Einstimmungszone* ist immer bei Beginn des EFT-Durchgangs mit zwei oder drei Fingern von innen nach außen zu massieren; der *Karatepunkt* wird mit zwei oder drei Fingern geklopft. Dabei wird der *Lösungssatz* laut gesprochen.

Der *Lösungssatz* teilt sich in das *Thema* (Problem, Symptom, Geschichte) und die *positive Aussage*, dass man »sich liebt und akzeptiert«. Er wird 3-mal wiederholt:

▶ *»Auch wenn ich... (Problem/Thema) habe, liebe und akzeptiere ich mich voll und ganz.«*

Beispielsätze:

▶ *»Auch wenn ich diese Beziehung schon wieder ins Chaos gestürzt habe, liebe und akzeptiere ich mich voll und ganz.«*
▶ *»Auch wenn ich so wütend bin auf mein Versagen, liebe und akzeptiere ich mich voll und ganz.«*
▶ *»Auch wenn ich so schlecht auf Menschen zugehen kann, liebe und akzeptiere ich mich voll und ganz.«*
▶ *»Auch wenn ich nicht glaube, dass EFT bei mir wirkt, liebe und akzeptiere ich mich voll und ganz.«*

Sollten Sie Probleme mit der Formulierung »liebe und akzeptiere ich mich voll und ganz« haben, hat sich hier bereits ein Thema gefunden, das mit EFT zu behandeln wäre. Sie können dann auch sagen (und das ist vor allem für Kinder leichter):

▶ *»Auch wenn ich..., bin ich völlig in Ordnung, bin ich ganz cool (für Kinder auch noch: hat Mama mich lieb).«*

Versuchen Sie es einmal mit Paradoxien:

- *»Ich akzeptiere mich ganz und gar nicht, und dafür habe viele Gründe, aber das akzeptiere ich sehr wohl!«*
- *»Auch wenn ich mich nicht akzeptieren kann, akzeptiere ich, dass ich mich nicht akzeptieren kann, und so kann ich immerhin akzeptieren, dass ich mich nicht akzeptiere.«*

❹ Basissequenz klopfen

Die Punkte

Jetzt kommen wir zu den Punkten, die anschließend geklopft werden. Die meisten Punkte liegen sowohl auf der *linken als auch auf der rechten* Körperseite, das heißt, sie können wahlweise benutzt werden. Es sind Punkte, die auf den Hauptmeridianen und direkt unter der Haut liegen und somit leicht erreichbar sind. Sollten Sie einen Punkt leicht verfehlen: Kein Problem, die leichte Erschütterung, die das Klopfen erzeugt, erreicht den Punkt, löst aber bei anderen Punkten keine Wirkung aus.

Punkt 1: *Auge Innen* – Anfang innere Augenbraue

Punkt 2: *Augen Außen* – auf dem Knochen, im Augenwinkel, seitlich Auge

Punkt 3: *Jochbein* – unter der Augenmitte auf dem Jochbein, da ist eine kleine Einkerbung

28 Die EFT-Methode

Punkt 4: *Unter Nase* – unterhalb Nase und auf Oberlippe mittig, nicht auf den Zähnen/auf dem Zahnfleisch

Punkt 5: *Kinn* – mittig unterhalb Unterlippe/Kinn

Punkt 6: *Schlüsselbein* – in der Mulde unter dem Kehlkopf (Adamsapfel), 3 cm nach unten, dann 3 cm nach links oder rechts, unter Schlüsselbein und neben dem Brustbein

Punkt 7: *Unter Arm* – eine Handbreit oder 10 cm unter der Achsel auf Körperseite, auf der Höhe der Brustwarze oder oberen Rand des BHs

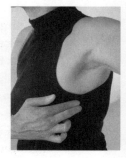

Punkt 8: *Unter Brust* – unter dem Brustansatz, 2 Finger darunter, vertikal unter der Brustwarze

Die folgenden Punkte befinden sich an der äußeren Seite des Fingernagels am unteren Nagelbett:

Punkt 9: *Daumen*

Punkt 10: *Zeigefinger*

Punkt 11: *Mittelfinger*

Punkt 12: *Kleiner Finger*

Hinzu kommen noch die folgenden Punkte:

Punkt 13: *Karatepunkt (Handkantenpunkt)* – eine Handlinien führt genau dorthin – hinter dem Gelenk des kleinen Fingers

Punkt 14: *Gamutpunkt* – 2–3 cm hinter dem Knöchel von kleinem Finger und dem Ringfinger, in der Rinne auf dem Handrücken

Der Gamutpunkt ist der dritte Punkt auf dem Dreifachen Erwärmer-Meridian. Der Dreifache Erwärmer schaltet die Stressreaktion an, wenn er sich bedroht fühlt. Unglücklicherweise aktiviert er sich in unserer Kultur auch zu oft, wenn es

30 Die EFT-Methode

gar nicht erforderlich ist, weil er alles Unbekannte als »Bedrohung« wertet.

Mit dem Klopfen oder Reiben dieses Punktes können Sie nicht nur Stress reduzieren, sondern beispielsweise auch den Blutzucker regulieren.

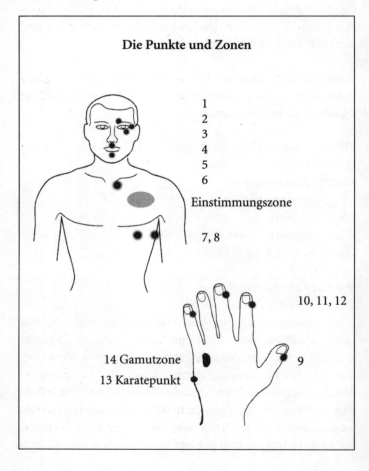

Die Punkte und Zonen

Das Klopfen

Das **Klopfen** kann mit dem Zeige- oder Mittelfinger oder mit beiden Fingern ausgeführt werden. Jeder Punkt wird 7- bis 8-mal geklopft. Die Punkte im Gesicht sind nur leicht zu klopfen, während alle anderen Punkte kräftiger geklopft werden können. Üben Sie das Klopfen, damit Sie Druck und Tempo für sich verinnerlichen können.

Während die Punkte geklopft werden, wird der Lösungssatz in Kurzform *ständig* entweder laut oder leise wiederholt. Eine Kurzform ist beispielsweise:

»Dieses Versagen«
»Dieser Stress«
»Diese Schwierigkeiten«
»Angst vor Armut«
»Diese Schwäche«
»Die Sucht nach Anerkennung«

❺ Die Gamutsequenz

Diese Sequenz wird auf dem Gamutpunkt geklopft. Der Punkt wurde vor allem von Roger Callahan genutzt, um verschiedenste Aspekte oder Themen zu lösen. Mit dieser Sequenz ist jeder Durchgang abzuschließen. Nur bei später genannten Ausnahmefällen kann die Gamutsequenz entfallen. Der Kopf wird aufrecht gehalten. Während der gesamten Gamutsequenz wird mit zwei oder drei Fingern der Gamutpunkt fortwährend sanft geklopft.

32 Die EFT-Methode

1. Augen schließen
2. Augen öffnen und nach unten rechts auf den Boden schauen
3. dann nach unten links auf den Boden schauen
4. Augen im Uhrzeigersinn rollen
5. Augen gegen den Uhrzeigersinn rollen
6. ein Lied summen (nicht singen), 3 bis 5 Sekunden
7. schnell hörbar zählen von 1 bis 5
8. noch einmal summen

Wenn Sie EFT geben und sehen, dass Ihr Gegenüber die Augen nicht ganz (360 Grad) rollen kann, hier ein kleiner Tipp: »Zeichnen« Sie mit dem Zeigefinger einen Kreis, dem die Person mit den Augen folgen soll.

❻ Basissequenz noch einmal klopfen

Klopfen Sie noch einmal alle Punkte.

❼ Einschätzung/Stresswert wieder abfragen

Schätzen Sie, spüren Sie, ob überhaupt oder wie sehr das Thema, die Sache, die Emotion noch da ist.

Weitere Durchgänge, Veränderung des Lösungssatzes

Sollte der Wert nicht auf Null sein, dann wiederholen Sie das ganze EFT mit einem dem Wert angemessenen Satz wie:

▸ *»Auch wenn da noch ein wenig…ist, liebe und akzeptiere ich mich voll und ganz.«*

***

Jetzt kennen Sie alle Schritte der Basissequenz und können EFT anwenden. Die Besonderheiten und Spezialitäten folgen später.

Das Ziel ist natürlich, bei jedem Thema oder Problem auf den Wert 0 zu kommen. Wenn Sie feststellen oder eine behandelte Person Ihnen andeutet, dass es für sie beispielsweise beim Wert 2 jetzt schon viel leichter geworden ist und sie damit zufrieden ist, hören Sie auf. Keine gewaltsamen Radikallösungen. Sie müssen auch anerkennen, dass komplexe Themen wie jahrzehntelange Konditionierungen, die von einem Wert über 10 auf Wert 2 gesunken sind, einer mehrmonatigen therapeutischen Maßnahme entsprechen.

Gähnen oder Müdigkeit während oder nach weiteren Durchgängen ist kein Zeichen dafür, dass man sich langweilt, sondern ein deutliches Signal, dass sich Anspannung und Stress gelöst haben. Es hat sich etwas gelöst!

Der EFT-Prozess auf einen Blick

❶ Thema / Problem genau beschreiben

❷ Einschätzung/Stresswert 0 – 10

❸ Einstimmungszone massieren,
dazu 3-mal den Lösungssatzsatz:
»Auch wenn..., liebe und ...«

❹ Klopfen der Punkte 1 bis 13
mit Wiederholung des Themas in Kurzform

❺ Gamutsequenz
– mit ständigem Klopfen der Gamutzone,
ohne Kurzform zu wiederholen
– Augen links unten, rechts unten,
rollen im Uhrzeigersinn / entgegen dem
Uhrzeigersinn
– Summen
– Zählen
– Summen

❻ Klopfen der Punkte 1 bis 13
mit Wiederholung des Themas in Kurzform

❼ Einschätzung/Stresswert 0 – 10

Wenn das Problem/Thema noch akut ist, wird der alte
Satz wiederholt oder ein neuer Lösungssatz gebildet,
wie »*Auch wenn da noch etwas, ein klein wenig, ein biss-
chen...*« – mit ❸ fortfahren.

Die Methode ist einfach und lässt sich in kurzer Zeit durchführen. Sie haben jetzt die Grundausstattung des EFT gelernt. In den meisten Fällen wirkt EFT sofort und die Fortschritte oder Veränderungen sind dauerhaft. Beginnen Sie EFT anzuwenden, wann immer es möglich und angebracht ist. Häufiges Anwenden macht Sie sicherer und besser.

Für den Fall, dass EFT nicht die erwünschten Resultate bringt oder Sie noch mehr Möglichkeiten des EFT nutzen möchten, folgt jetzt eine Abrundung und Erweiterung. Damit können Sie zum fortgeschrittenen Anwender werden.

ABRUNDUNG DER METHODE

Neue Themen tauchen auf

Es kann sein, dass während der Durchgänge neue Themen auftauchen oder Ihnen mitgeteilt werden: emotionale Blockaden oder negative Gedanken, Glaubenssätze, Überzeugungen – wie Begrenzungen oder Aussichtslosigkeit. Sie sind oftmals wie ein Puzzle miteinander verbunden.

Beschäftigen Sie sich mit allem, was auftaucht, wenden Sie EFT wirklich auf alles an – auf alle emotionalen und mentalen Hintergründe, um die Beschwerden vollständig aufzulösen. Entfernen Sie Teil für Teil des Puzzles und es wird auseinanderfallen.

Skepsis, Misstrauen, Einwände

Nicht selten höre ich den Einwand der Skepsis oder des Misstrauens. Wie viele kostspielige Methoden hat man gelernt, was hat man nicht alles unternommen, wie aussichtslos ist doch die Situation und in diesem Alter wird das sowieso nichts mehr. Behandeln Sie erst die Skepsis oder das Misstrauen mit EFT, bevor Sie das eigentliche Thema angehen.

Der Einwand des Widerspruchs, der Skepsis bietet zwei Möglichkeiten der Auflösung: Es wird die Gegenfrage gestellt, worauf man den skeptischen Standpunkt begründe, und es wird ein Beweis dafür verlangt. Kann die Person beweisen, dass es wirklich nicht funktioniert?

Es gibt einen sehr alten Einwand gegen die Skepsis, der besagt, dass der Skeptiker, gleichgültig, was er sagt, seine Skepsis oder sein Misstrauen selbst nicht ernst nehmen und nach ihr leben könne. Wahrheit wird durch Leidenschaft geschaffen und Skepsis zerpflückt sie wieder.

»Wie sehr misstrauen Sie mir/dem Verfahren?«
»Wie sehr glauben Sie, dass diese Methode ausgerechnet bei Ihnen nicht wirkt?«
»Kennen Sie das auch aus anderen Lebensbereichen?«

Versuchen Sie es mit einer provokativen Übertreibung:
»Ja, ich vermute, dass Sie das nicht schaffen, dass es ausgerechnet bei Ihnen nicht wirkt.«
»Ausgerechnet bei Ihnen wird das wohl nicht zum Erfolg führen!« (Das kann humorvoll übertrieben und noch ausgebaut, ausgemalt werden.)
»Kennen Sie es von sich, dass Sie sowieso nie etwas schaffen?«

Das hat natürlich auch Vorteile, denn notorisch Dumme, Versager, Schwache und Kranke brauchen wenig Verantwortung zu übernehmen und finden immer wieder Helfer und Unterstützer, die diese wiederum brauchen, um sich gut zu fühlen.

▶ »*Auch wenn ich eher unbeholfen durch das Leben stolpere und mir gar nicht vorstellen kann, dass das einmal anders wird, weil ich glaube, dumm zu sein, liebe und...*«

Hier wird die Sache – so mache ich es mit Menschen, denen ich EFT gebe – provokativ-humorvoll übertrieben. Ich spreche es vor, während ich den Gamutpunkt klopfe, und fahre dann mit einer Kurzform des Satzes mit EFT fort.

- ◆ Seien Sie kreativ mit sich selbst und mit anderen.
- ◆ Nehmen Sie alles, was die Sache auflockern, bewegen kann.
- ◆ Trinken Sie Wasser nach jedem Durchgang.
- ◆ Machen Sie EFT im Gehen.
- ◆ Setzen Sie sich nach jedem Durchgang auf einen anderen Stuhl.
- ◆ Gehen Sie in einen anderen Raum für einen zweiten Durchgang.
- ◆ Halten Sie die Augen offen.
- ◆ Fordern Sie Ihr Gegenüber auf, beim EFT klar zu sprechen und die Augen geöffnet zu halten.

Der Prozess bleibt stecken

Hier liegt möglicherweise Skepsis, Argwohn oder eine die Lösung verhindernde psychologische Umkehr vor. Es gilt, im Gespräch den Glaubenssatz oder die Überzeugung zu iden-

38   Die EFT-Methode

tifizieren, der/die einem Fortschritt im Wege steht. Folgende
Sätze können die skeptische psychologische Umkehr auflösen:

- »*Auch wenn ich es nicht wert bin, erfolgreich/glücklich zu
  werden, liebe und…*«
- »*Auch wenn ich Angst habe vor den Veränderungen, die auf
  mich zukommen, wenn ich mein Problem nicht mehr habe,
  liebe und…*«
- »*Auch wenn ich nicht glaube, dass mir ein so einfaches System
  helfen kann, liebe und…*«
- »*Auch wenn ich es nicht für möglich halte, diese Bequemlich-
  keit loszuwerden, liebe und…*«
- »*Auch wenn ich nicht in der Lage bin, noch einmal etwas
  Neues anzufangen, liebe und…*«
- »*Auch wenn andere Probleme damit haben werden, wenn ich
  wohlhabend werde, liebe und…*«
- »*Auch wenn ich glaube, dass ich dieses Problem nie lösen
  werde, liebe und…*«
- »*Auch wenn ich es immer wieder vergesse, liebe und…* «
- »*Auch wenn ich meine, dass meine sportlichen Leistungen
  nicht gut genug sind, liebe und…*«
- »*Auch wenn ich mich mit allen meinen Begrenzungen und
  Problemen erlebe, liebe und…*«

Hier ist die erste Ausnahme – eine Augenübung

Wenn der Prozess stockt oder nicht unter den Wert 3 sinkt –
in dem Fall liegt eine minimale psychologische Umkehr
vor –, besteht die Möglichkeit, diese Augenübung durchzuführen:

Abrundung der Methode 39

◆ Der Lösungssatz wird dreimal wiederholt, währenddessen der Karatepunkt geklopft wird.

◆ Der Kopf ist und bleibt gerade ausgerichtet und die Augen beginnen sehr langsam vom Boden bis zur Decke zu schauen. Währenddessen wird die Kurzform des Lösungssatzes: »*Meine Angst*«, »*Meine Zweifel*«, » *Mein Versagen.*« dauernd wiederholt und der Gamutpunkt geklopft.

Unerwünschte Emotionen durch das Klopfen

Es gibt Fälle, in denen EFT gar nichts bewirkt. Das kann an einem Trauma liegen, dem sich die Person nähert, es aber abwehren und nicht wieder erleben möchte. Vielleicht besteht eine Abwehr gegen körperliche Berührung, das Klopfen.
Sich selbst klopfen oder geklopft zu werden ist dann nicht möglich. Der Widerstand ist zu groß. Hier kann sogar Ärger oder Wut als sekundäre Emotion entstehen. Diese Emotionen haben nichts mit der Methode oder dem Trauma zu tun.
Meine Empfehlung ist, erst einmal sehr, sehr sanft zu klopfen oder das Klopfen mit Sätzen zu visualisieren, beispielsweise:

▶ »*Auch wenn das Klopfen bei mir Ärger/Wut/Angst auslöst, liebe und…*«
▶ *Auch wenn sich das Klopfen wie eine Misshandlung/Verletzung anfühlt, liebe und…*«

Gebe ich EFT, kann ich bei mir selbst für mein Gegenüber klopfen. Ich habe nicht erlebt, dass sich dann jemand immer noch nicht klopfen ließ oder sich selbst klopfen konnte.
Erst danach kann das eigentliche Thema behandelt werden.

Das Problem wird nicht gefunden

Wenn sich Zustände nicht ändern, liegt es daran, dass die eigentliche Sache – die Ursache – noch wirksam ist. Sie zu finden ist manchmal eine Kunst und erfordert Erfahrung oder Intuition. Glücklicherweise können einige allgemeine Sätze oder Fragen dabei helfen, diese Ursache zu finden. Beispielsweise:

»Woran erinnert Sie diese Sache?«
Das führt oftmals zu wichtigeren Themen, in denen das Problem begründet ist.

»Können Sie sich daran erinnern, wann Sie zum ersten Mal diese Sache bemerkt, gefühlt, erlebt haben?«

»Wenn es hinter oder unter der Sache/dem Thema ein tieferes Gefühl oder etwas gäbe, was könnte es sein?«

»Wenn Sie Ihr Leben noch einmal leben könnten, welche Person würden Sie lieber nicht mehr treffen oder welches Ereignis würden Sie lieber nicht mehr erleben?«

Fragen Sie auch dann weiter, wenn nur ein *»Ich weiß es nicht«* kommt. Sie können auch fragen:

»Was würde es denn für mich sein?«
Die Antwort auf diese Frage bezieht sich meistens genau auf das, was die Person für sich meint.

Verzeihen und Auflösen von Selbstkritik

Jahrzehnte- oder jahrelange körperliche, mentale oder emotionale Selbstsabotage durch psychologische Umkehr kann einen heimtückischen Haken im System hinterlassen, der die psychologische Umkehr verstärkt. Besonders wenn diese mit

Scham, Selbstkritik, negativem Selbstbild, Selbsthass verbunden ist – siehe Sucht, die vom Süchtigen als Versagen mit Scham und Selbstverurteilung gekoppelt wird. Wird diese nach anfänglich erfolgreichem EFT oder durch andere Maßnahmen nicht aufgelöst, kann der Haken das negative Thema wieder installieren.

> In einem EFT-Durchgang ist das *Sich-selbst-Verzeihen* für alles Leiden, Versagen, Vermeiden, Erfolglosigkeit, für alle Verluste, Selbsterniedrigungen, Unterwerfungen und Lügen zu machen.

Die Einschätzung kann beispielsweise so gefragt werden:
»*Wie sehr verurteilst du dich dafür, dass...*«
»*Wie sehr schämst du dich dafür, dass...*«
»*Wie sehr hasst du dich dafür, dass...*«
»*Wie sehr kritisierst du dich dafür, dass...*«

Dann folgen die Lösungssätze, wie beispielsweise:
- »*Auch wenn ich mich für meine Aufschieberei verurteile, verzeihe ich mir voll und ganz.*«
- »*Auch wenn ich mich für mein Versagen schäme, verzeihe ich mir voll und ganz.*«
- »*Auch wenn ich mich für meine Dummheit hasse, verzeihe ich mir das.*«
- »*Ich verzeihe mir mein Zögern.*«
- »*Ich verzeihe mir meine Scheu.*«
- »*Ich verzeihe mir meine Unklarheit.*«
- »*Ich verzeihe mir meine Überzeugungen wegen Geld und Reichtum.*«
- »*Ich verzeihe mir meine rosarote Brille der Illusionen.*«

42   Die EFT-Methode

»Verzeihen« ist auch sinnvoll, wenn einem Schmerzhaftes von anderen widerfahren ist. Mit folgenden Beispielsätzen wird der Karatepunkt geklopft und der Satz dreimal wiederholt:

▶ *»Ich verzeihe... was er mir getan hat.«*
▶ *»Ich verzeihe... was mir durch... geschehen ist.«*
▶ *»Ich verzeihe allen Menschen, die mich zurückwiesen.«*

Erlauben

In einem EFT-Durchgang ist dem System (Herz, Körper, Unbewusstes, Geist, Seele) zu erlauben, ohne Beschränkung, Blockaden, Vergangenheit, Zwang, Angst, Leiden etc. zu leben. Mit folgenden Beispielsätzen wird der Karatepunkt geklopft und der Satz dreimal wiederholt:

▶ *»Ich erlaube meiner Kreativität, frei zu fließen.«*
▶ *»Ich erlaube meinem Herz, sich zu öffnen.«*
▶ *»Ich erlaube meinem Verstand, klar und brillant zu sein.«*
▶ *»Ich erlaube meinem System, angstfrei zu sein.«*
▶ *»Ich erlaube meinem System, ohne Beschränkungen zu sein.«*

Verdienen

Eine unbewusste Blockade – im Sinne einer Selbstsabotage – kann das Auflösen von Themen verhindern, wenn man es nicht »verdient« hat, gesund, stark, frei, kompetent usw. zu werden. Dazu kann der Lösungssatz mit der Verdienstblockade ergänzt werden. Etwa so:

- »*Auch wenn es mir nicht zusteht, frei von Angst vor ... zu sein, liebe und akzeptiere ich mich voll und ganz.*«
- »*Auch wenn ich es nicht verdient habe, erfolgreich zu sein, liebe und akzeptiere ich mich voll und ganz.*«

Aspekte erforschen

Oftmals sind Blockaden im Unterbewusstsein miteinander verbunden. Ihre Verbindungen können nach und nach gelöst werden. EFT wirkt wie wenn in einem Netz aus unerlösten Erinnerungen, Verletzungen, Traumata, irrationalen Überzeugungen, negativen Glaubenssätzen, die Verknüpfungen aufgelöst werden, sodass die Sicht und die Situation klarer wird. Es gibt auch Fälle, in denen durch das Auflösen *eines* Themas *mehrere* Blockaden wirkungslos werden.

> Begehen Sie nicht den Anfängerfehler, bei *einem* Thema zu bleiben und sich mit *einer* EFT-Sitzung zufriedenzugeben.

Manchmal kann es passieren, dass Sie sich selbst oder Ihren Partner beim EFT immer noch als »nicht besser« oder »fühle mich erleichtert, aber nicht frei davon« einstufen, obwohl EFT in allen Varianten und unter Berücksichtigung aller Möglichkeiten gemacht wurde.

Wie kann das sein? Warum funktioniert der Prozess in den meisten Fällen so einfach und versagt scheinbar in anderen Fällen? Eine der häufigsten Ursachen ist, dass zu anderen Aspekten übergegangen wurde. Vielleicht kennen Sie es von sich oder anderen Menschen, denen Sie zuhören: Während des

44   Die EFT-Methode

Erzählens erscheint eine andere Geschichte, ein Nebenschau-
platz, werden andere Einzelheiten eingeschoben, und manchmal fragt man sich am Ende, wo die Erzählung eigentlich begonnen hat. Der Hinweis für den EFT-Geber: Gut zuhören,
aufpassen, stoppen, Geschichte zerlegen!

> Es zeigt sich, dass manche Probleme viele Teile oder As-
> pekte besitzen. Diese sind als *getrennte* Themen zu be-
> trachten und für *jeden* Aspekt ist EFT zu machen.

Nehmen wir zum Beispiel an, ein Mensch sucht Hilfe für sein
langsames und umständliches Arbeiten am Arbeitsplatz. Wir
können EFT auf »langsames, umständliches Arbeiten« anwenden, doch ist es unwahrscheinlich, dass damit etwas gelöst wird. Ein Fehler, der dabei oft gemacht wird, ist der, dass
man keine *präzisen Aussagen* erfragt. Mit der *generellen Aussage* »Langsamkeit am Arbeitsplatz« kann kein Erfolg erzielt
werden.

Sie beide schauen von oben auf ein Haus. Das Haus ist der
Gesamteindruck. Das Haus besteht aber aus mehreren Einzelheiten und in einem der Zimmer ist etwas blockiert. Deswegen kann EFT schneller und effizienter wirken, wenn die
einzelnen Aspekte nacheinander behandelt werden.
Fragen wir hier besser nach:
»Was macht Sie so langsam? Welche Gefühle tauchen jetzt
auf, wenn Sie jetzt daran denken, dass Sie langsamer und
langsamer werden? Was genau passiert davor, wenn Sie langsamer werden? Was denken Sie, was fühlen Sie? Spielt ein anderer Mensch eine Rolle, liegt es an einem speziellen Bereich
der Arbeit?«

Angenommen, Sie hören die Antwort: »Ich fühle eine An-spannung; ich denke, ich mache es nicht richtig«, dann kön-nen Sie für *»diese Anspannung«* und *»nicht richtig machen«* klopfen. Sie können es erweitern auf *»meine Angst vor Feh-lern«* oder jeden anderen Aspekt, der passender ist.

Wenn diese Aspekte keine Reaktion mehr auslösen, kommt als nächste Frage: »Was noch kann langsam machen? Wer be-merkt, dass Sie langsam werden? Was stresst noch an der Ar-beit? Welche Befürchtungen gibt es?«

Jetzt erscheinen vielleicht andere Aspekte, wie: »Ich fühle mich immer kontrolliert« oder »Es kommt mir vor wie in der Schule« oder »Meine Angst vor Bestrafung« usw. Die Liste kann lang werden. Üblicherweise erscheinen aber nur we-nige, in einer Sitzung handhabbare Aspekte.

Meine Erfahrung ist, dass es einen starken Aspekt gibt, der die anderen Aspekte stützt. Wird er aufgelöst, verlieren die anderen ihre Kraft. Folglich werden alle Aspekte mit EFT be-handelt, bis sich kein Stress, keine Emotionalität zeigt.

> Gut ist es, anschließend zu *testen*. Sich die Situation noch einmal lebhaft vorzustellen. In diesem Falle sich selbst am Arbeitsplatz bei der üblichen Arbeit vorzustellen.

Eine andere wichtige Sache ist, dass auch eine *Emotion ein Aspekt* sein kann. Möglicherweise tauchen Ärger, Wut, Trau-rigkeit, Zorn auf über sich selbst, über andere Beteiligte in der Sache. Ich nehme dies sofort auf und mache EFT damit. Sie können die Oberfläche sein (manche Menschen bleiben bei den Emotionen stehen und manche machen es unbewusst als Ablenkungsmanöver, um sich der tatsächlichen Sache nicht zu nähern). Von hieraus geht es meistens direkt zum Thema.

46   Die EFT-Methode

Es gibt auch Menschen, die annehmen, dass dieses oder jenes Thema ganz normal sei und daher nicht angesprochen werden müsse. Mancher hat sich mit seinem Versagen oder seiner Mittelmäßigkeit arrangiert oder er lebt fortwährend in einem Beziehungskonflikt und meint, alle würden das so erleben und es wäre doch ganz natürlich.

> Solange Probleme und Themen unentdeckt bleiben, werden sie weiter ein Schattendasein führen und das Leben des Menschen beeinflussen.

Welche Themen könnten es sein, nach denen wir hier fragen?

* Das Gefühl von *Unzulänglichkeit* und *Wertlosigkeit*, weil man nie die Erwartungen von Eltern oder Gesellschaft erfüllt hat. Dies kann sich sowohl auf die Leistungen als auch auf das Erscheinungsbild beziehen. Es kann ein großes Thema sein, das meistens unbewusst ist.

* Vergessene *Ängste* oder *Befürchtungen*, die schon in der Kindheit etabliert und dann im Erwachsenenalter zu einer Überzeugung wurden.
  Aus einer beiläufigen Bemerkung meiner Mutter, als wir mit dem Zug nach Wiesbaden fuhren, dass da ein Mörder in diesem Wald gewesen sei, konnte sich die Überzeugung »In dunklen Tannenwäldern lauern Mörder!« entwickeln. Derart unlogisch operiert der kindliche Verstand und speichert es im Unterbewusstsein. Später werden spezielle Orte, spezielle Menschen, spezielle Situationen vermieden; eine Einschränkung der Lebensqualität.

Abrundung der Methode   47

◆ *Situationen,* von denen angenommen wird, damit könne nichts gemacht werden. »Es ist eben so!«

◆ *Schuldgedanken* über eine Handlung oder das *Unterlassen* einer Handlung, sodass das Thema nicht angesprochen werden darf.

Wir können über einen Seiteneinstieg an die Sache gehen.:

»Wenn Sie noch einmal leben könnten, welche Person oder welches Ereignis würden Sie lieber nicht treffen oder erleben?«
»Wann haben Sie das letzte Mal geweint und warum?«
»Was macht Sie ärgerlich und warum?«
»Was stresst Sie und warum?«
»Was regt Sie an anderen Menschen auf und warum?«
»Was machte Sie am meisten traurig?«
»Was fehlt Ihnen zu einem perfekten Leben?«
»Nennen Sie drei Ängste, die Sie lieber nicht hätten.«
»Werden Sie in den Himmel kommen?«
»Was hätten Sie lieber nie getan?«
»Was fällt Ihnen zu Verrat ein?«
»Kennen Sie Demütigung und Zurückweisung?«
»Was hat Sie am meisten schockiert?«
»Haben Sie lebendige, aufrichtige Beziehungen?«
»Welche Erinnerungen Ihres Lebens belasten Sie heute noch?«
»Wie stark schätzen Sie Ihren Selbstwert ein?«
»Wie sehr sind Sie mit Ihrem Leben zufrieden?«

(**Beachten Sie:** Es geht um das, was Sie *jetzt* oder *momentan* empfinden bei einer Erinnerung, nicht, wie eine Situation *damals* war.)

48   Die EFT-Methode

Bedenken nach dem Prozess

»Das ist jetzt hier, während ich EFT mache, ein befreiendes Gefühl, aber kommt die Blockade oder die Störung nicht nachher wieder?«

Halt! Während der EFT-Behandlung hat das System erfahren, dass Erinnerungen bzw. Gedanken ohne die negativen Folgen kommen dürfen! Wir können uns nach wie vor an alles erinnern, aber es folgen keine belastenden Emotionen oder blockierendes Verhalten. Wenn etwas trotzdem wieder oder stärker als jetzt auftritt, dann ist es ein bisher nicht aufgetauchter Aspekt, der nicht behandelt wurde und jetzt zum Thema wird.

Der Wert der Beständigkeit

Dauerhaftes Anwenden von EFT bei hartnäckigen oder sich wiederholenden Blockaden bringt Erleichterung, Befreiung, Lösung. Mit jeder Behandlung wird das Problem schwächer, andere Aspekte tauchen auf, lösen sich auf. Klopfen Sie alles! Es werden immer weniger Aspekte auftauchen, Sie werden immer leichter und freier.

Spezielles EFT

Unterwegs
Unterwegs, in der Öffentlichkeit, am Arbeitsplatz, im Bus können Sie möglicherweise das EFT-Ritual nicht durchführen, wenn Sie es dringend bräuchten.

- Oft reicht es dann – nach einigen, vorher selbst durchgeführten Durchgängen –, wenn Sie die Punkte oder den wichtigsten Punkt – den Sie festlegen – mit sanftem Druck berühren und dabei tief atmen und an das Thema denken.
- Manche Menschen klopfen nur den Karatepunkt oder massieren kurz die Einstimmungszone.
- Im Stau stehend kann es reichen, den Karatepunkt zu klopfen, um erst gar nicht Stress zu erfahren.
- Kinder lernen, sich an einem Punkt zu klopfen, um ihre Aufmerksamkeit im Unterricht zu erhalten.

EFT visualisieren
Erfahrene EFT-Anwender visualisieren sowohl das Massieren der Einstimmungszone als auch das Klopfen. Erfahrungsberichten zufolge werden damit die gleichen Resultate erzielt wie beim berührenden Durchführen der Basissequenz.

EFT per Telefon
Professionelle EFT-Berater oder Coaches führen per Telefon EFT durch, indem sie den Klienten die Lösungssätze geben und sie die Methode (die den Klienten bekannt ist) durchführen lassen. Sie erzielen damit sehr gute Resultate, beispielsweise bei plötzlichen Rückschlägen, Verzweiflung, Ängsten etc.

50   Die EFT-Methode

Stellvertretendes EFT

Besonders Eltern können für ihre Kleinkinder und Kinder EFT machen ohne deren Anwesenheit. Hier nimmt beispielsweise ein Elternteil die Rolle des Kindes ein und spricht die Einstimmungssätze, etwa:

▶ »*Ich bin (Name des Kindes). Auch wenn ich in der Schule Schwierigkeiten habe, liebe und ...*«

Stellvertretend habe ich für eine Frau EFT durchgeführt nach einem Telefongespräch über ihr Alleinsein, ihre mangelnden sozialen Kontakte und ihre Perspektivlosigkeit nach dem Ende einer langjährigen Partnerschaft.

Zwei Tage später erhielt sie eine Einladung zu einer Hochzeit, traf einen attraktiven Mann, fand eine neue Freundin, schloss sich einem Interessenkreis an, buchte eine mehrwöchige Reise nach Asien, um an einem von vielen Menschen besuchten Platz zu meditieren.

Systemisches EFT

Manchmal gehören zum Thema nicht anwesende Personen, wie Ehepartner, Geschäftspartner, Trainer, Vorgesetzte, Konkurrenten, Geschwister, Kinder. Ich lasse dann mein Gegenüber auf einem anderen Stuhl sitzen, wo er die Rolle der anderen Person einnimmt und für diese spricht. Ich mache EFT beispielsweise mit dem nicht anwesenden Arbeitskollegen, der Mutter, dem Vater, dem Bruder und frage, wie er oder sie sich fühlt mit der Situation. Ich stelle Fragen über das Ver-

Abrundung der Methode   51

hältnis zur anwesenden Person – meinem Klienten. Ich frage nach der Möglichkeit des Erlaubens, Verzeihens, Verstehens usw. Dann kann ich noch EFT für die andere Person machen, falls sie ein aktuelles Thema hat.

Danach setzt sich der Klient wieder auf seinen Stuhl und ich mache EFT mit ihm weiter.

Ein Beispiel:

Eine attraktive sowie intelligente Geschäftsfrau Mitte dreißig kommt zu einer EFT-Sitzung, weil ihr keine dauerhaften Beziehungen oder Partnerschaften gelingen. Keine Beziehung hatte bisher Erfolg im Sinne von »…dass eine intime Beziehung anhält«. Sie hatte Affären und Freunde in verschiedenen Städten, die sie gelegentlich am Wochenende traf. Einmal hatte sie geheiratet, aber die Ehe hielt nur drei Wochen.

Alle psychotherapeutischen Bemühungen hatten nichts geändert, sie sperrte sich gegen jegliche Emotionen. Sie war kalt und hart und EFT führte zu keiner Veränderung. Auf ihre Mutter angesprochen berichtet sie, dass sie sich von ihr getrennt hat, was ein schmerzhafter Aspekt in ihrem Leben ist. Ihre Mutter, so berichtet sie, sei einsam und verbittert und habe an nichts Freude.

Als letzte Möglichkeit wird sie gebeten, in einem anderen Sessel im Raum zu sitzen und ihre Mutter zu sein. Sie wird angesprochen mit der Vorbemerkung, dass der Berater ihre Tochter behandelt und sie, die »Mutter«, befragen möchte, um ihre Tochter besser zu verstehen und ihr helfen zu können. Die »Mutter« stimmt zu. Der Berater berichtet davon, zu wissen, dass sie ein hartes Leben hatte und dass er gerne wissen möchte, wie es ihr erging als sie aufwuchs.

52   Die EFT-Methode

Die »Mutter« erzählt von alkoholabhängigen, verantwortungslosen Eltern. Sie musste sich selbst und die Eltern mit Essen versorgen, da sie sonst nichts gegessen hätten. Später heiratete sie einen Mann, der wie ihre Eltern war, und warf ihn später aus ihrer Wohnung.

Der Berater erklärt der »Mutter« von einer Methode, die für viele Menschen hilfreich ist – eine Art psychologische Akupunktur ohne Nadeln. Die »Mutter« ist bereit, es auszuprobieren.

Der Lösungssatz ist: »*Auch wenn ich diese schreckliche und miserable Kindheit hatte, liebe und akzeptiere ich mich voll und ganz.*« Nach einigen EFT-Durchgängen spürt die »Mutter« eine Erleichterung. Die Sitzung ist nun beendet. Der Berater dankt der »Mutter« und bittet die Frau in ihrem ursprünglichen Sessel wieder Platz zu nehmen, um sich von der Mutter zu verabschieden. Die Sitzung wird hier im Einverständnis mit der Frau beendet, denn der nächste Klient wartet. (Ich rechne in diesem Fall mit einem »Jetlag der Veränderung«, diese kann in Stunden oder Tagen stattfinden.)

Einen Monat später kommt die Klientin wieder. Aufgeregt erzählt sie: »Jetzt staunen Sie! Das Leben meiner Mutter hat sich sehr verändert, sie fängt an, sich zu freuen!«

Für die Klientin selbst verändern sich gleichzeitig die Erfolge mit EFT. In weiteren Sitzungen behandeln Berater und Klientin mehrere Aspekte ihres Lebens auf leichte und schnelle Weise – wie ein Messer, das durch weiche Butter gleitet.

Nach einigen Monaten ist sie in einer Beziehung mit einem Mann, der in ihrer Nähe wohnt, nach weiteren Monaten planen sie ihre Hochzeit. Die Klientin hatte keine Affären mehr mit anderen Männern.

EFT KLAPPT NICHT –
KEIN FORTSCHRITT, KEINE VERÄNDERUNG

Manchmal greift EFT nicht oder funktioniert nur sehr langsam. Dann kann ein **Switching** vorliegen. Switching ist eine energetische Störung oder neurologische Desorganisation. Darunter wird eine Desorganisation der linken und rechten Gehirnhälften verstanden. Es wird eine Störung der Polarität des Körpers vermutet.

Manche Menschen leiden unter Switching, das bei der EFT-Behandlung in der Regel unmittelbar im Zusammenhang mit bestimmten Themen oder Problemen auftritt – also akut, wenn beispielsweise eine schmerzhafte Erinnerung angesprochen oder behandelt wird.
Switching kann auch durch Stress, Kontakt mit toxischen Substanzen, fehlerhafte Bewegung (Laufen in schlecht sitzenden Schuhen, hochhackige Absätze, Schuhe ohne Fußbett), elektromagnetische Überbelastung oder falsche, übermäßige sportliche Aktivitäten ausgelöst werden.
Beim Switching treten manchmal auch ungeschickte Bewegungen, gestörte Bewegungskoordination, räumliche Desorientierung oder Wortverwechslungen auf und EFT zeigt einfach keine oder nur sehr wenig Wirkung.

Um ein Switching auszuschalten, gibt es die folgenden zwei Übungen.

Die **1. Übung** ist diese *zweiminütige* Methode, die sich auch als genereller Auftakt einer EFT-Behandlung eignet. Damit können momentaner Stress, Aufregung, Verwirrung, Emotionalität abgebaut werden:

- Setzen Sie sich auf einen bequemen Stuhl.
- Legen Sie die Beine in Höhe der Knöchel übereinander, das linke Bein über das rechte.
- Strecken Sie die Arme nach vorne aus, die Handflächen berühren sich.
- Drehen Sie die Handflächen nach außen, die Daumen zeigen nach unten.
- Legen Sie die rechte Hand über die linke Hand und verschränken Sie die Finger beider Hände miteinander.
- Beugen Sie die Arme zum Körper hin, sodass die gefalteten Hände auf der Brust liegen.
- Legen Sie die Zunge hinter die Zähne an den Gaumen und atmen Sie mit dem Gedanken »Gleichgewicht« oder »Balance« durch die Nase ein.
- Atmen Sie durch den Mund aus, wobei die Zunge wieder unten ruht.
- Schließen Sie die Augen und atmen Sie mindestens 8-mal ein und aus und ruhen Sie in dieser Position 1 Minute.

Die Übung hilft auch bei jeglicher Aufregung und Angst vor bevorstehenden Situationen (Lampenfieber, Prüfungsangst, Versagensangst, konflikthaften Begegnungen).

EFT klappt nicht – kein Fortschritt, keine Veränderung   55

Die 2. Übung ist etwas für bewegungsfreudige Menschen:

+ Sie stehen.

+ Heben Sie den ausgestreckten *linken* Arm von seiner Position an der Seite liegend nach oben bis mindestens Kopfhöhe.

+ Heben Sie gleichzeitig das *rechte* Bein angewinkelt nach oben, so weit es geht.

+ Nun umgekehrt:

    Heben Sie den ausgestreckten *rechten* Arm von seiner Position an der Seite liegend nach oben bis mindestens Kopfhöhe.

+ Heben Sie gleichzeitig das *linke* Bein angewinkelt nach oben, so weit es geht.

+ Und so geht es abwechselnd weiter:

    Linker Arm nach oben und rechtes Bein nach oben.
    Rechter Arm nach oben und linkes Bein nach oben.

+ Machen Sie das mindestens zehnmal oder mehr, wenn es Ihnen guttut.

Kinesiologischer Muskeltest

Es ist nicht unbedingt notwendig, kinesiologische Tests zu machen und sie zu beherrschen, sie können aber in manchen Fällen hilfreich sein, wo die Methode EFT scheinbar nicht funktioniert, weil sich ein Thema hartnäckig hält. Übrigens eignet sich der Test für viel mehr als nur die Frage »Ist das gut

56 Die EFT-Methode

für mich?«, »Bin ich bereit erfolgreich in ... zu sein?«, »Möchte
ich wirklich abnehmen?«, »Darf ich das vom Leben erwarten?« Er eignet sich auch für viele Bereiche, wie Produktent-
wicklungs-Entscheidungen, Investitionspläne, Wohnungssu-
che, Ernährung, Krankheitsursachen – und so vieles mehr.

> Für einen Muskeltest braucht es zwei Personen. Der Tes-
> ter sollte den Test beherrschen – es braucht einiges Üben.

Ich mache den Test nur, wenn ich mit EFT keinen Erfolg er-
ziele, wenn sich gar nichts ändert oder verbessert.
Bei einer noch jungen depressiven, arbeitslosen Frau änderte
sich der Zustand überhaupt nicht. Sie behauptete sogar trotzig, dass sie sich nach dem EFT noch schlechter fühle. Was
tun? Etwas an der trotzigen Reaktion veranlasste mich, den
Test zu machen. Ich testete, ob sie die Depression jetzt aufgeben will. Erstaunen: Sie wollte nicht. Ich testete, ob sie ihre Situation der Arbeitslosigkeit belastet. Antwort: Es belastete sie
nicht. Ich testete, ob sie Möglichkeiten kennt, die sie aus der
Situation bringen. Antwort: Ja. Ich testete, ob sie die Möglichkeiten jetzt nutzen möchte. Antwort: Nein.

Der Test

> Die Testperson steht bequem und hält einen Arm (bevor-
> zugt den rechten Arm bei Rechtshändern) seitlich – paral-
> lel zum Boden – ausgestreckt.

> Der Tester steht vor oder hinter der Testperson und schaut
> diese nicht an. Keine Gefühlsäußerungen, kein Sympathi-
> sieren. Die Testperson schaut ins Leere.

EFT klappt nicht – kein Fortschritt, keine Veränderung   57

> Der Tester legt seine Hand auf das Handgelenk des ausgestreckten Arms, drückt mit zwei Fingern das Handgelenk nach unten und sagt gleichzeitig: »Halten«. Normalerweise widersetzt sich der Arm dem Druck nach unten mit ganzer Kraft oder erzeugt einen Gegendruck.
> → Ein nachgebender, schwacher Arm bedeutet ein Nein.
> → Ein ausgesteckter, starker Arm bedeutet ein Ja.
>
> Es handelt sich hier nicht um Kräftemessen. Der Tester sollte unterscheiden können zwischen subtilem Widerstand oder Nachgeben.

- Die Resultate können getestet werden, indem Fragen gestellt werden, deren Antworten absolut richtig (Ja) oder falsch (Nein) sind. Wie die Frage nach dem richtigen oder falschen Namen, das Vorstellen von etwas Schönem (Ja, stark) und etwas Traurigem (Nein, schwach).
- Manchmal ist es wichtig, erst einmal zu testen, ob eine Frage gestellt werden darf: »Darf ich eine Frage zu ... stellen?« Das ist das Passwort zur Thematik. Wenn nicht, dann kann man Fragen stellen, warum das nicht erlaubt ist.
- Eine gute Fragestellung ist: »Denken Sie an die Situation, das Ereignis, die Sache, das Ding, die Person.« Nicht gut ist: »Wie sieht das für Sie aus?«, »Wie hört sich das an?«, »Was empfinden Sie für ...?«
- Es können auch Fotografien in der freien Hand gehalten werden oder Begriffe auf Papier geschrieben werden, die die Testperson auf dem Bauch hält.

Mit diesem Test können Sie schnell Fortschritte machen, die angemessenen Entscheidungen treffen, präzise wählen, viele Umwege und Irrungen vermeiden. Nicht nur beim EFT.

58   Die EFT-Methode

Testhilfen

Wenn der Muskeltest nicht so funktioniert, wie zuvor beschrieben, weil die Ja-Antworten *nicht richtig* sind oder der Arm *immer schwach* ist: die Thymusdrüse klopfen.
Die Thymusdrüse befindet sich hinter dem Brustbein im oberen Bereich. Die Testperson klopft mit der Faust mehrfach auf die Stelle und lächelt, denkt an eine geliebte Person und sagt beim Klopfen »Ha, ha, ha.«
Danach sollten die Ergebnisse wieder normal sein.

Wenn der Muskel der Testperson *nur stark* ist, soll die Testperson tief ausatmen, um Stress auszuatmen (eventuell zwei- bis dreimal wiederholen).

Wenn eine vermutete emotionale Blockade den Test stört:

die Handfläche eines ausgestreckten Arms nach *unten* halten und die andere Hand über den Kopf mit der Handfläche nach *unten* (Fontanelle) halten. Den Arm testen mit positiver Ja-Vorstellung. Der Arm muss *stark* bleiben. Wenn der Arm nachgibt, dann gibt es eine emotionale Blockade des Auflösens des Symptoms.
Lösung: Switching-Übung machen (Seite 54).

Die Handfläche eines ausgestreckten Arms nach *unten* halten und die andere Hand über den Kopf mit Handfläche nach *oben* (Fontanelle) halten. Den Arm testen mit positiver Ja-Vorstellung. Der Arm muss *schwach* werden. Wenn nicht, dann liegt eine durchgängige energetische Blockade vor.
Lösung: Switching-Übung machen (Seite 54).

BLOCKADEN, GRENZEN, UNMÖGLICHKEITEN

Eine Frau »fühlte sich« zu dick. Etwa drei Kilo waren angeblich in den letzten drei Jahren auf mysteriöse Weise auf ihren Hüften »entstanden«. Nach einer halben Stunde EFT mit allen Aspekten, wie »sich zu dick fühlen, sich darüber ärgern, es weg haben wollen, es nicht akzeptieren« usw. löste sich das Gefühl auf. Es war eine Idee! Sie fühlt sich wieder wohl in ihrer Haut. Die störende Blockade war die Überzeugung, nicht attraktiv genug zu sein. Wir mussten hier nicht Kindheitserlebnisse – was manchmal gemacht werden muss – abrufen, die diese Überzeugung gebildet hatten.

Eines der Hauptziele des EFT, im Sinne dieses Buches, ist, die Blockaden und Grenzen aufzudecken und aufzulösen, die irgendeinen Erfolg, eine Veränderung des Denkens und Verhaltens verhindern. Ohne diesen Schritt werden Sie aufgeben und schlussfolgern, die Methode funktioniere nicht – gar nicht, nicht bei Ihnen, nicht bei der Person, der Sie EFT geben. Um in einen Bereich von Unmöglichkeit zu gelangen, müssen wir die einschränkenden oder verbietenden Überzeugungen benennen und gegen befreiende, erweiternde Gedanken austauschen.

Blockaden und Grenzen funktionieren so: Sie werden aus einer Vielfalt von frühem Erleben und Bemerkungen von Vorbildern unserer Kindheit gebildet. Sie werden zu ständigen Gedanken bzw. zu Motivationen für das Handeln oder Nichthandeln. Sie erzeugen die Realität. An dieser Realität (beispielsweise »zu schwach zu sein« oder »das steht mir nicht zu« oder »das kann ich nicht verändern«) können wir so lange

60 Die EFT-Methode

nichts ändern, bis wir entweder aus dieser Realität durch ein äußeres Ereignis plötzlich in eine andere Realität versetzt werden oder wir uns mit dieser einschränkenden Realität beschäftigen und durch eine Methode die Grenzen aufheben.

Die Überzeugung, die auch wie eine Brille, durch die wir die Welt sehen, wirkt, kann das Geschehen völlig einseitig interpretieren. So kann die Welt als ein bedrohlicher Ort oder die Mitmenschen können als feindlich gesehen werden. Die Folgen können ständige Ängstlichkeit, übermäßige Vorsicht, Scheu etc. sein.

EFT ist dafür geeignet, die Eintragungen im Logbuch für das Leben zu identifizieren und zu löschen. EFT funktioniert wie der Delete- oder Entfernen-Befehl auf Ihrem Keyboard. Ein Hauptziel des EFT ist es, blockierende, hemmende, begrenzende Eintragungen zu löschen und neue Eintragungen zu bilden. Diese neuen, veränderten Gedanken ermöglichen eine neue Realität.

»In Bezug auf alle Handlungen von Initiative und Schöpfung gibt es eine grundlegende Wahrheit, deren Unkenntnis unzählige Einfälle und glänzende Pläne zu Grunde gehen lässt. In dem Augenblick, in dem man sich endgültig einer Aufgabe verschreibt, bewegt sich die Vorsehung auch. Alle möglichen Dinge, die sonst nie geschehen wären, geschehen, um einem zu helfen. Ein ganzer Strom von Ereignissen wird durch diese Entscheidung in Gang gesetzt. Er sorgt zu den eigenen Gunsten für zahlreiche Zufälle. Begegnungen und materielle Hilfen, die sich kein Mensch je vorher so erträumt hätte, können geschehen.« *(Unbekannter Autor)*

Lösungssätze für psychologische Umkehrungen

Auf die psychologische Umkehr bin ich schon eingegangen. Sie gezielt zu behandeln ist manchmal angebracht. Wann? Wenn sich ein Thema nicht durch das EFT auflöst, wenn Zustände bleiben, wenn sich der Wert nicht verändert. Gelegentlich tritt die psychologische Umkehr auch sehr deutlich auf. Wenn Sie EFT mit sich selbst machen, lauschen Sie Ihren »Hintergrundgedanken« oder Ihrer »inneren Stimme«, sie meldet sich als Kritiker, Verurteiler, Antreiber, Rechtmacher usw. Hier ist es für den, der EFT gibt, manchmal gut, solche Sätze einfach vorzugeben und die Reaktion des Gegenübers zu beobachten. Es kann sein, dass die Person mit »Genau das ist es!« zustimmt. Oder Sie bemerken eine körperliche Reaktion wie das Scharren mit den Füssen, das Zucken in den Armen bei Ihrem Gegenüber. Treffer!

> Die nachfolgenden Lösungssätze bei der Beschreibung der verschiedenen Umkehrungen 3-mal wiederholend auf dem Karatepunkt klopfen oder auf der Einstimmungszone massieren.
> Machen Sie danach wieder EFT mit dem Ursprungsthema und erleben Sie eine Veränderung.

Massive Umkehrung

Sie beeinträchtigen die Hauptaspekte des Lebens vor allem in den Bereichen, in denen ständig nichts klappt, alles schief läuft oder nie etwas erreicht wird – so scheint es. Diese Menschen machen den Eindruck, als wollten sie unglücklich sein. Auch wenn sie glauben, glücklich oder erfolgreich sein zu wollen, provozieren sie durch ihr Verhalten genau das Gegenteil. Sie lehnen gute Gelegenheiten ab, verpassen sie oder kommen zu spät. Sie konzentrieren sich auf den vielleicht einzigen negativen Aspekt der Situation (Ort, Uhrzeit, Umstände, Wetter, Mitmenschen passen nicht).

Genereller Satz dazu:

▶ *»Auch wenn ich Probleme/Grenzen/Mängel/Widerstände habe, liebe und...«*

Tief sitzende psychologische Umkehrung

Diese Menschen wollen etwas verändern, glauben jedoch, dass ihr Problem zu groß sei, zu übermächtig oder zu sehr Teil ihres Lebens (Karma, Schicksal, Unbedingtheit, Los), als dass es gelöst werden könne. Sie halten auf einer unbewussten Ebene daran fest, »dass es keinen Ausweg gibt«. Gepaart mit mangelndem Selbstvertrauen und der Unmöglichkeit, das Leben ohne dieses Problem zu visualisieren, bleibt das Problem weiterhin bestehen.

Genereller Satz dazu:

▶ *»Auch wenn ich keinen Ausweg/keine Möglichkeit sehe, liebe und...«*

▶ *»Auch wenn ich gleichzeitig weiß, dass es viele Menschen gibt, die so etwas nie erleben, liebe und...«*

Spezifische Umkehrung

Sie kommt am häufigsten vor und ist meistens mit einer Situation gekoppelt: Höhenangst, Flugangst, Spinnenphobie. Hier muss nur diese Situation bearbeitet werden – keine anderen Hintergründe sind zu erforschen. Zuerst muss aber die Frage positiv beantwortet werden, ob der Betreffende jetzt bereit ist, das Problem zu lösen. Denn wenn er jetzt blockiert ist, wird er nicht in der Lage sein, loszulassen.

Genereller Satz dazu:

▶ *»Auch wenn ich nicht daran glaube, dass das aufhören kann und ich Angst vor einer Veränderung habe, liebe und akzeptiere ich mich voll und ganz.«*

Verdienst- und Erlaubnisumkehrung

Hier stehen Glaubensmuster oder spezifische Probleme im Vordergrund. Es geht darum, ob der Mensch glaubt, dass er es verdient, sein Problem zu lösen, ob er es sich erlaubt. Wenn jemand darunter leidet, erfolglos zu sein, will er das wohl ändern, aber im Unterbewusstsein steht: Du hast es nicht verdient, erfolgreich zu sein. Hier muss erst das Thema geklopft werden, was jemand verdient zu haben glaubt. Erst dann kann die Erfolglosigkeit behandelt werden.

Generelle Sätze dazu:

Erlauben

▶ *»Ich erlaube meinem Verstand, neue Möglichkeiten zu erkennen.«*

▶ *»Ich erlaube meinem Körper, mehr zu leisten.«*

▶ *»Ich erlaube mir, ohne Angst vor dem Auftritt zu sein.«*

▶ *»Ich erlaube mir, ohne Beschränkungen zu sein.«*

Verdienen

▶ *»Auch wenn es mir nicht zusteht, erfolgreich/hervorragend/besser als... zu sein, liebe und akzeptiere ich mich voll und ganz.«*

▶ *»Auch wenn ich es nicht verdient habe, in Wohlstand zu leben/eine Arbeit zu machen, die mir Freude macht und viel Geld bringt/mehr als meine Eltern zu erreichen, liebe und akzeptiere ich mich voll und ganz.«*

Wiederkehrende Umkehrung

Nach beträchtlichen Fortschritten kann wieder der ursprüngliche Wert erscheinen. Möglicherweise sind Sie auf den Wert *Zwei* einer Belastung oder Einschränkung gekommen und Tage später sind Sie wieder bei dem Wert *Acht*. Eine emotionale Belastung ist wieder da – Ärger, Verzweiflung, Wut, depressive Stimmung etc. Hier haben wir *keinen* Stillstand – wichtig ist zu erkennen, dass die Behandlung effektiv ist, also kein Versagen Ihrerseits. Hier braucht es Geduld, wieder von vorne zu beginnen und die Umkehr neu oder anders zu formulieren. Jegliche Möglichkeit einer Umkehrung bedenken und auflösen.

> Diese psychologische Umkehr gilt besonders bei Suchtverhalten. Mit der Praxis kommt schnelleres Erkennen, welche Umkehrung jetzt blockiert, sabotiert. Der Satz dazu muss immer wieder neu gefunden, verändert werden.

Minimalumkehr

Eine Minimalumkehr tritt ein, wenn der Wert zwischen oder bei 1–3 stagniert und kein EFT mehr wirkt. Natürlich wollen Sie erfolgreich mit EFT sein. Also »erweichen« Sie den Widerstand gegen das Auflösen.

▶ *»Auch wenn ich es immer noch nicht ganz loslassen/aufgeben kann, liebe und...«*

▶ *»Auch wenn da noch etwas Widerstand ist, das Problem loszulassen, liebe und...«*

Allgemeine Korrekturen für psychologische Umkehrungen

> Die folgenden Lösungssätze dreimal sagend auf Karate-punkt klopfen oder auf Einstimmungszone massieren. Machen Sie danach wieder EFT mit dem Ursprungs-thema und erleben Sie eine Veränderung.

▶ *»Ich liebe und akzeptiere mich voll und ganz, auch wenn ich dieses Problem – egal aus welchen Gründen – für den Rest meines Lebens haben würde.«*

▶ *»Ich liebe und akzeptiere mich voll und ganz, auch wenn die-ses Problem – egal aus welchen Gründen – für den Rest mei-nes Lebens immer wieder auftritt.«*

▶ *»Ich liebe und akzeptiere mich voll und ganz, jetzt und zu jedem Zeitpunkt in der Zukunft, an dem dieses Problem – egal aus welchen Gründen – vielleicht wieder auftreten wird.«*

▶ *»Ich liebe und akzeptiere mich voll und ganz, ungeachtet jeg-licher Ursachen oder Themen, die dem Problem zugrunde lie-gen und mich an der Lösung der Sache irgendwann hindern mögen.«*

Sie haben die Möglichkeit einer Abkürzung, wenn eine psy-chologische Umkehr unauflösbar erscheint oder ein Prozess langsam läuft:

> Klopfen Sie *nach* der Basissequenz Jochbein – Schlüssel-bein – Unter Arm und zurück.
> Sie können das mehrfach wiederholen.
> Spüren Sie währenddessen oder fragen Sie nach, wie sich das Thema ändert oder auflöst.

Negative Glaubenssätze als Selbstsabotage

Die manchmal gehörte Aussage: »Ich kann klopfen, wie ich will, es findet keine Veränderung statt«, deutet auf eine Selbstsabotage hin – negative Glaubenssätze. Formulieren Sie Lösungssätze mit den Themen, die für Sie zutreffen, und machen Sie EFT damit.

Beispiel: »*Ich weiß nicht, ob das bei mir klappt.*«
Lösungssatz: »*Auch wenn ich nicht weiß, ob das bei mir klappt, liebe und ...*«
Kurzform: »*Weiß nicht, ob es klappt.*«

Folgende negativen Glaubenssätze sind häufig anzutreffen:

Vorbehalte, Zweifel, Skepsis an der Methode und einer Lösung
»*Ich weiß nicht, ob das bei mir klappt.*«
»*Ich vertraue neuen Sachen nicht sofort.*«
»*Wird das anhalten?*«
»*Wo wird das hinführen?*«
»*Was wird es noch auslösen?*«
»*So einfach soll es sein?*«
»*Ich weiß nicht, ob ich das wirklich will.*«
»*Was werden die anderen sagen?*«
»*Welche Konsequenzen wird das noch haben?*«

Keine Möglichkeit
»*Ich glaube nicht, dass es mir möglich ist, das Problem aufzulösen.*«
»*Ich sehe keine Möglichkeit, damit aufzuhören.*«

Blockaden, Grenzen, Unmöglichkeiten 67

»Ich glaube nicht, dass das möglich ist.«
»Ich kann mir das nicht vorstellen, dass ich liebe und...«
»Ich kann das nicht.«
»Ich schaffe es einfach nicht.«
»Ich kann nicht über dieses Problem hinwegkommen.«
»Das Projekt ist einfach zu groß.«
»So etwas ist mir noch nie passiert.«
»Ich kenne keine, die es geschafft hat.«
»Das ist nur mit harter Arbeit zu schaffen.«

Keine Wertschätzung
*»Ich verdiene es nicht, über dieses Problem hinwegzukommen,
und... zu sein.«*
»Mir steht es nicht zu, ... zu sein/zu werden/zu bekommen.«
»Mir ist das nicht vergönnt.«
»Mir steht das nicht zu.«
»Warum sollte gerade ich das erreichen?«

Keine Sicherheit
*»Ich bin mir nicht sicher, ob ich jemals über dieses Problem hin-
wegkomme.«*
»Gewiss ist es nicht, ob ich jemals... werde.«
»Ich weiß nicht, ob ich das erleben möchte.«
»Ich bin mir nicht sicher, was damit verbunden ist.«
»Mit so viel Geld könnte ich nicht umgehen.«

Verlust statt Gewinn
*»Vielleicht werde ich meinen Partner verlieren, wenn ich...
werde.«*
»Andere könnten sich von mir abwenden.«
»Wenn ich so erfolgreich bin, passe ich nicht mehr zu...«

68   Die EFT-Methode

»Ich werde...verlieren, wenn ich über mein Problem oder...
hinweggekommen bin.«
»Ob ich dann noch mit... zusammenarbeiten kann?«
»Meine Frau wird das nicht mitmachen und sich trennen.«
»Was wird mit meinen Freundinnen sein, wenn ich meine Er-
nährung umstelle?«
»Sie werden mich meiden.«

Meinung von Autoritäten

»Der Trainer sagt, dass ich das nie schaffen werde.«
»Meine Mutter sagt, ich könnte so etwas nicht.«
»Mein Mann meint, das wäre zu viel für mich.«
»Mein Trainer, mein Therapeut, mein Vater, mein Lehrer sagt,
dass dieses Problem sehr hartnäckig ist, dass das kaum zu schaf-
fen ist, dass ich dazu nicht talentiert genug bin.«
»Die Bibel sagt, liebe und...«
»In allen Predigten hört man liebe und...«
»In jeder Zeitung steht liebe und...«
»In dem Buch... steht, dass das nicht geht.«
»Das ist eben mein Karma, dagegen kann man nichts tun.«
»Selbst... hat es nicht geschafft.«

Vorbilder, Helden, Ideale

»Ich wollte immer wie... spielen.«
»An... habe ich mich immer orientiert, doch ich habe nicht das
Talent.«
»Seit ich... hörte, wollte ich wie sie singen.«
»Einmal wie... malen können war mein Wunsch.«
»Mein Vater war immer ein Vorbild, doch ich... »
»Mutter Theresa bewundere ich.«
»Die Heiligen sind eben heilig, wir jedoch ...«

Verlust der Identität

»Wer wäre ich denn, wenn ich das Thema nicht mehr habe? Es hat mich ein Leben lang begleitet.«

»Das ist ein Teil von mir.«

»Dann hätte ich ja so lange ein falsches Leben geführt.«

»So etwas kenne ich nicht von mir.«

»Das kann ich mir bei mir nicht vorstellen.«

»Ohne diese Beschränkung bin ich nicht mehr, wer ich war.«

»Ich bin das.«

»Das gehört zu mir.«

»So ist eben mein Leben.«

»Ich habe mich schon so sehr daran gewöhnt.«

»Jetzt lebe ich schon so lange damit, eigentlich ist es doch nicht schlimm.«

Um die Identitäts-Blockade aufzudecken eignen sich Fragen wie: *»Können Sie sich selbst vorstellen, wie Sie zukünftig... sind/aussehen/sich verhalten?«* Bei vielen Menschen kommen Bedenken bei der Vorstellung, frei von den beschränkenden, blockierenden Themen zu sein oder vollkommen gesund zu sein, ein langes Leiden zu beenden. Sie sind dann Thema für EFT. Denn diese haben möglicherweise einen zweiten Nutzen.

Ein Beispiel ist eine 70-jährige Ärztin im Ruhestand, die durch einen Autounfall seit mehreren Jahren an einen Rollstuhl gefesselt ist. Eine hilfreiche Krankengymnastik bricht sie immer dann ab, wenn sich ihr Zustand verbessert. Sie benutzt den Rollstuhl nur in der Öffentlichkeit. Sie bestätigt, dass sie dadurch mehr Aufmerksamkeit bekommt. Sie hat viele Vorteile dadurch – Türen werden ihr geöffnet, sie hat bevorzugte Plätze im Kino und Theater, sie kann zu spät kommen usw. Sie sagt selbst, vielleicht etwas verrückt zu sein, weil sie ihre Invalidität genießt. Nach jahrzehntelanger Bestätigung und Aufmerksamkeit durch ihre Arbeit als Ärztin ist der Zweitnutzen ihr Schutz vor Leere, Einsamkeit und Isolation, die der Ruhestand für sie bedeutet.

Nicht annehmen, nicht helfen lassen

Dialog mit einem blockierten Mann, der beruflich stagniert und nach seiner Aussage die Sache selbst meistern will. Der Gamutpunkt wird während der Unterhaltung ständig geklopft – das kann den Prozess des Bewusstwerdens beschleunigen.

»Kannst du Hilfe annehmen?«

»Hmm, das fällt mir schwer.«

Wir machen erst einmal einen EFT-Durchgang mit: *»Auch wenn ich keine Hilfe annehmen kann/darf, liebe und ...«*. Ich brauche keinen Wert dafür. Hier wird jetzt EFT angewandt, um die Türen zu öffnen.

Danach: *»Was genau fühlst oder denkst du, wenn du jetzt an die Situation denkst, Hilfe anzunehmen?«*

»Da ist jetzt Scham.«

> Scham und Schuld – die fettesten Eintragungen im Logbuch unseres Unterbewusstseins. Ich empfehle, diese beiden möglichen Blockaden bei allen Erfolgsthemen abzufragen oder geschickt in die Lösungssätze einzubauen.

Blockaden, Grenzen, Unmöglichkeiten   71

»*Wie viel Scham ist da, falls es dir möglich ist, es auszudrücken?*«

»*Weiß nicht. Fühle mich eher schwach, so etwa bei einer Sieben.*«

»*Wo genau fühlst du dich schwach?*«

»*Im Rücken.*«

Nächster EFT-Durchgang mit »*Auch wenn ich mich schwach im Rücken fühle, wenn ich Hilfe brauche, liebe und...*«

Nach zwei Durchgängen ist die Schwäche bei dem Wert Eins.

»*Können wir es dabei belassen?*«

»*Ja.*«

»*Welche Situation oder Situationen kennst du denn, wo du dich am meisten schwach fühlst?*«

»*Am meisten, wenn ich mit Menschen zu tun habe, die mehr wissen oder intelligenter sind.*«

»*Zum Beispiel?*«

»*Meinen Vorgesetzten kann ich nur sehr schwer fragen. Ich komme mir dann wirklich klein und schwach und dumm vor. Oder ich nehme an, dass er das von mir denkt.*«

»*Hast du ihn schon einmal gefragt, ob er das von dir denkt?*«

»*Um Himmels willen, nein! Wenn er mir das sagen würde, könnte ich ihn nicht mehr ansehen.*«

Jetzt kommen mehrere Durchgänge mit den Aussagen von zuvor.

»*Auch wenn ich mich klein, schwach und dumm fühle, wenn ich Hilfe brauche, liebe und...*«

»*Auch wenn ich glaube, nicht genug intelligent zu sein und nicht genug zu wissen, liebe und...*«

Ein kleiner provokativer Eingriff kann Wunder bewirken:

»*Angenommen, du bist schwer erkrankt, würdest du dich selbst operieren oder einen Zahn ziehen oder einen Spezialisten aufsuchen?*«

72   Die EFT-Methode

»Klar würde ich zum Arzt gehen.«

Jetzt machen wir EFT mit: *»Auch wenn ich derjenige in der Firma bin, der am meisten nichts weiß und am besten dumm ist, liebe und...«*

Jetzt regt sich Protest.

»Also so ist es nun auch nicht.«

Aha, es gibt also doch etwas, was er kann.

Nachgefragt, zählt er eine erstaunlich lange Liste von Talenten und Fähigkeiten auf.

Wir kommen wieder auf das Thema zurück: *»Kannst du jetzt Hilfe annehmen?«*

»Ja, jetzt kann ich mir vorstellen, Hilfe anzunehmen.«

»Was für Vorteile hätte es für dich und beispielsweise deinen Vorgesetzten?«

»Wir würden uns näherkommen. Ich hätte keine Scheu mehr vor ihm.«

Wenn die Zeit reicht und der Mann einverstanden ist, nehme ich die Gelegenheit wahr, mit dem Thema »Nähe« weiterzuklopfen. Die Scheu vor Intimität gründet sich oftmals auf der Angst vor Ausgeliefertsein oder Verletzung.

Noch einige Beispiele für die, die Hilfe und Unterstützung nicht annehmen dürfen:

»Kannst du um Unterstützung bitten?«

»Machst du alles lieber allein und hörst du die Stimme in dir, die dir sagt, du musst das allein schaffen?«

»Ist um Hilfe bitten ein Zeichen von Schwäche?«

»Wer kann dich dabei ablehnen oder daraus einen Nutzen ziehen?«

»Wenn ja, ist es eine Vermutung oder Tatsache?«

Systemische Begrenzungen

Systemische Begrenzungen sind die starken Familienbande, eine Bande, die zusammenbleiben soll oder will. Dazu gehören Schwüre oder Gelöbnisse für oder gegen ein Familienmitglied oder nahe Verwandte. Um diese aufzuhellen, können wir nach Familienmitgliedern fragen, die gescheitert sind, erfolglos waren, ruiniert wurden, nie etwas Großes schafften, immer in ihrer sozialen Schicht blieben, die ihr Äußeres nicht beachteten, nie etwas veränderten. Auch Fragen nach Stimmen der Eltern, die bestimmten, was möglich und was nicht möglich ist, und Aussagen der Eltern, die entwerteten, erniedrigten, drohten.

»Darfst du ein angenehmes, schönes Leben führen, obwohl...?«
»Darfst du weiter kommen als...«
»Darfst du schöner sein als...«
»Wird deine Familie dich noch akzeptieren als Erfolgsautor?«
»Wirst du von deiner Familie argwöhnisch beobachtet, wenn du eine erfolgreiche Ehe führst?«
»Darfst du es anders machen als...?«
»Wirst du von deiner Familie als Spitzensportlerin anerkannt?«
»Was werden deine Brüder sagen, wenn du als Frau eine Karriere machst?«
»Wird man dir das neiden?«
»Darfst du als Erste diese Begrenzungen in der Familie überschreiten?«
»Darfst du so viel Freude erleben, obwohl... leidet, krank ist, arm ist?«
»Darfst du ohne schlechtes Gewissen Freude erleben, obwohl... leidet?«

74   Die EFT-Methode

»Steht dir so viel Erfolg zu, auch wenn alle anderen in der Familie kein Talent dazu haben?«
»Musst du wie... versagen, leiden, klein bleiben?«
»Ist es für dich in Ordnung, so schlank zu sein, auch wenn... das gar nicht gefällt?«
»Kannst du ohne schlechtes Gewissen auswandern, auch wenn du... zurücklässt?«

Wertekongruenz

Werte sind eine starke Motivation. Werte sind das, auf das wir uns *zubewegen* oder *davon entfernen* möchten. Sie sind uns weitgehend unbewusst und stellen auf der tiefsten Ebene der Persönlichkeit die Triebkräfte für die wahren Ziele dar. Werte bestimmen sämtliches Verhalten. Sie sorgen für die Triebkraft oder den Antrieb in Form von Motivation für unsere Handlungen. Mit Hilfe von Werten urteilen wir darüber, was gut und böse, richtig und falsch, angemessen oder nicht angemessen ist.

Wir selektieren in den Entwicklungsphasen neue Werte. Als Neunjähriger hatte ich andere Werte als nun über Fünfzigjähriger. Es kann durchaus sein, dass ein Wert wie *Sicherheit* einer Gründung eines eigenen Unternehmens oder Selbstständigkeit entgegensteht. So ein Projekt ist ein Abenteuer und da kann der Wert *Sicherheit* alles schwierig machen, verlangsamen und sogar zum Scheitern bringen. Unterscheiden wir: Die bewusste Entscheidung kann durchaus vernünftig und logisch sein, die angestrebte Veränderung positiv bewertet werden – aber einer der Werte diesem blockierend gegenüberstehen.

Aufgeben, versagen, stagnieren kann auch daran liegen, dass sich der Mensch nicht bewusst gemacht oder vergessen hat, welche Werte er als Leitmotivation gewählt hat. Wenn jemand immer wieder scheitert und versagt oder schwere Rückschläge erfährt, empfiehlt sich das Ermitteln seiner Werte: Sind diese im Leben erreicht? Ist das Leben darauf ausgerichtet? Ist die angestrebte Situation oder Veränderung oder das Ziel kongruent mit dem momentan wichtigsten Wert?

Machen Sie den Test mit sich und/oder Ihrem Partner.

1. Was sind Ihre Werte, die Sie in Ihrem Leben erfahren möchten? Nehmen Sie mindestens **3 Werte,** die wichtig für Sie sind:

Sicherheit: Frei von Sorgen sein, Gewissheit, Stabilität.
Abenteuer: Neues entdecken, Grenzen überschreiten, Risiken eingehen, Spannung, Erregung.
Status: Stellung, Position, Prestige, Image.
Leistung: Eine Aufgabe meistern.
Fortschritt: Mich verbessern, etwas verbessern, erreichen, vorantreiben.
Gemeinschaft: Mit anderen arbeiten, sein, feiern, spielen.
Sexualität: Leben, genießen, experimentieren.
Alleinsein: allein arbeiten, sein.
Autorität: Untergebene, Mitarbeiter haben, befehlen, anweisen.
Reichtum: Wohlstand, Geld, Luxus, Privilegien.
Anerkennung: Lob, Lohn, Aufmerksamkeit, Bewunderung, Bekanntheit.

76   Die EFT-Methode

Unabhängigkeit: Selbstbestimmung, ohne Kontrolle, ohne Einschränkung.

Helfen: Sich kümmern können, anderer Wohlergehen verbessern, retten, heilen, pflegen.

Spielen: Nutzloses Spielen aus Freude am Tun.

Ethik: Arbeit und Produkt stimmen mit Ihrer Weltanschauung überein.

Mentale Erregung: Intellektuelle Herausforderung, Denkförderung.

Körperliche Erregung: Körperliche Aktivität, Bewegung, in der Natur sein.

Friede: als innere Ruhe, Gelassenheit.

Emotionale Erregung: Emotionale Anteilnahme, Frust, Leid, Lust, Freude, lockere Atmosphäre.

Geschlechtsidentität: Mann/Frau sein dürfen, erhalten, kultivieren

Vielfalt: Ständig Neues, Anderes, großes Spektrum.

Freude: Erfahren, teilen, geben.

Kommunikation: In Verbindung treten mit verschiedenen Menschen durch Wort, Bild, Ton, Gestik.

Ästhetik: Mit Schönheit arbeiten, schöner Arbeitsplatz.

Bequemlichkeit: Entspanntes, anstrengungsfreies Leben.

Liebe: Erfahren, teilen, leben, erhalten.

2. Den **höchsten** Wert finden. Nehmen Sie von den gefundenen Werten nun die **3 Werte**, die Ihnen am wichtigsten erscheinen.

Schreiben Sie die Werte in die freien Felder A, B, C. (A bedeutet nicht der wichtigste.)

Es ist gut, die Übung mit einem Partner zu machen, der die Sätze vorliest.

Blockaden, Grenzen, Unmöglichkeiten   77

Wert A: ....

Wert B: ....

Wert C: ....

Tragen Sie oder Ihr Partner nun alle Werte in alle freien Stellen im folgenden Text ein. Beginnen Sie dann den Text laut zu lesen oder lassen Sie ihn vorlesen. Entscheiden Sie sich spontan für einen der beiden Werte. Der Wert wird in das freie Feld »was wäre dir dann wichtiger ...« eingetragen.

Wenn du alles/alle (A   ) der Welt hättest,
und du kein (B   ) hättest oder
wenn du alles/alle (B   ) der Welt hättest,
und du kein (A   ) hättest,
was wäre dir dann wichtiger?   ....

Wenn du alles/alle (B   ) der Welt hättest,
und du kein (C   ) hättest oder
wenn du alles/alle (C   ) der Welt hättest,
und du kein (B   ) hättest,
was wäre dir dann wichtiger?   ....

Wenn du alles/alle (A   ) der Welt hättest,
und du kein (C   ) hättest oder
wenn du alles/alle (C   ) der Welt hättest,
und du kein (A   ) hättest,
was wäre dir dann wichtiger?   ....

78   Die EFT-Methode

3. Das ist am wichtigsten – der **höchste** Wert: Ein Wert wird zweimal, ein Wert wird einmal, ein Wert gar nicht erscheinen. Der zweimal genannte Wert ist der wichtigste.

Frage: *Entspricht dieser Wert dem Lebensstil, der Arbeit, den Beziehungen, dem nächsten Ziel?*

Spezifische Erlebnisse

Bei der Untersuchung der negativen Glaubenssätze und psychologischen Umkehrungen – also allem, was durch das einfache EFT nicht aufgelöst werden kann – können spezifische Erlebnisse auftauchen. Sie können auch gezielt danach fragen wie beispielsweise

»*Wann haben Sie denn erlebt, dass sie etwas gar nicht können?*«
»*Gab es eine Begebenheit, an die Sie sich erinnern, als man Ihnen sagte...?*«
»*Mit welchem Erleben können Sie den Zustand in Verbindung bringen?*«
»*An was erinnert Sie das?*«

EFT mit spezifischen Begebenheiten zu machen versetzt Sie in die Lage, hartnäckige, unbewusste Blockaden zu übergehen oder aufzulösen. Die erinnerten Erlebnisse könnten so lauten:

»*Als Vater mir die Gitarre wegnahm und sagte, das wäre zu laut.*«
»*Der ist nichts für dich, meinte meine Mutter und verbot mir den Umgang mit...*«

»Meine Schwester lachte immer nur über mich, wenn ich...«
»Als mein Vater mich nicht beachtete, als ich bei der Auffüh-rung eine Rolle hatte.«

Fragen Sie nach den Emotionen, die diese Begebenheiten heute – jetzt – hier auslösen. Diese Emotionen sind die Blo-ckade. Diese Emotionen wollen nie wieder erlebt werden. Machen Sie EFT mit den Emotionen wie:

▶ *»Auch wenn es mich so traurig macht, dass mein Vater mich bei den Vorstellungen nie beachtete, liebe und...«*

Unbewusste Beschränkungen oder Einschränkungen

Diese Listen können Ihnen das Aufspüren erleichtern.

- Ich schaffe es nie.
- Es hat sowieso keinen Zweck.
- Mir steht das nicht zu.
- Das hat bei mir noch nie geklappt.
- Immer komme ich zu spät.
- Ich schaffe es nicht.
- Ich bin nicht intelligent genug.
- Ich darf nichts verlangen.
- Immer wieder verliere ich.
- Ich komme nicht an große Aufträge.
- Ich habe Angst, mich zu präsentieren.
- So einen Partner finde ich nie.
- Ich kann nicht vor anderen reden.
- Mein Spiel wird nie erstklassig.

80 Die EFT-Methode

- Geben ist seliger denn nehmen.
- Das ist nicht spirituell.
- Meine Arbeit bringt mir nicht genug Geld.
- Mich nimmt man nicht wahr.
- Mehr als drei Tore sind nicht möglich.
- Nach diesem Erfolg kann es nur abwärts gehen.
- Wir hatten auch nie Glück.
- Bei uns hat keiner etwas Großes geschafft.
- Das kann ich nicht.
- So etwas kann mir nicht passieren.
- Geld macht nicht glücklich.
- Bei meiner Ausbildung geht sowieso nichts.
- Ich bin zu schwach für einen Neuanfang.
- Dafür bin ich zu alt.
- Das ist zuviel für mich.
- Daran wage ich nicht einmal zu denken.
- Erst die Arbeit, dann das Vergnügen.
- Ohne Fleiß kein Preis.
- Männer sind eben so.
- Frauen sind auch nicht besser.
- Schuster, bleib bei deinem Leisten.
- Eher geht ein Kamel durch ein Nadelöhr als dass ein Reicher ins Himmelreich kommt.
- Selig sind die Armen im Geiste.
- Bitte und dir wird gegeben.
- Es ist nicht alles Gold, was glänzt.
- Das kann nicht gut gehen.
- Da ist doch ein Haken an der Sache.
- Immer falle ich rein.
- Für mich gibt es keine Hoffnung.
- Ich bin nicht gut genug für ...

Blockaden, Grenzen, Unmöglichkeiten   81

- Ich weiß nicht, was ich will.
- Es hat sowieso keinen Zweck.
- Ich komme immer zu spät.
- Meine Geschäftsideen bringen nichts.
- Ich finde keinen passenden Partner.
- Ich treffe nie die richtigen Leute.
- Mir gelingt es selten oder nie, ein Ziel zu erreichen.
- Ich nehme einfach nicht ab, mein Gewicht bleibt konstant.
- Ich nehme mir so viel vor und vergesse es.
- Ich treffe meistens die falsche Entscheidung.
- Keiner hält es mit mir aus.
- Nie finde ich Ruhe.
- Alles hat zu nichts geführt.
- Ich finde nicht die richtige Arbeit.
- Ich schaffe es nicht.
- Meine Beziehungen sind immer schwierig.
- Mir passiert immer dasselbe Unangenehme.
- Ich kann mich nicht verändern.
- Meine Bemühungen führen zu nichts.
- Alle Therapien haben nichts verändert.

Machen Sie EFT mit jedem Satz, den Sie von sich kennen, mit Sätzen wie:

▶ *»Auch wenn ich glaube, dass meine Beziehungen immer schwierig sein werden, liebe...«*
▶ *»Auch wenn ich denke, ich kann nichts verändern, liebe...«*

82 Die EFT-Methode

Auflösen von allerlei Begrenzungen

Gerade bei Sportlern kann man hören, dass sie – obwohl in körperlich bester Verfassung und technisch bestens qualifiziert – durchaus sagen, sie könnten es noch besser. Es liegt oberflächlich gesehen oder entschuldigend an der Tagesform, dem Wetter, den Vorbereitungen, dem Material. Beim Künstler liegt es an der fehlenden Eingebung. Beim Autor liegt es an Schreib- oder Denkblockaden oder irgendwelchen widrigen Umständen.

Das Scheitern vieler Bemühungen für einen Erfolg resultiert daraus, dass der Mensch genau da landet oder genau das leistet, was dem von ihm unbewusst geglaubten Bereich entspricht. Man nennt diesen Bereich die Komfortzone: Da gehört man hin, das ist man, das entspricht dem bisherigen Leben, das gehört zur Identität. Die Routinen, in denen wir leben, sind eine angenehme, komfortable Falle für Weiterentwicklung und Erfolg. Wir bleiben in dem Alten, auch wenn es nicht mehr angemessen oder gebraucht wird. Die Routine bietet wenigstens Verlässlichkeit.

> Die Komfortzone zu verlassen ist der notwendige **erste Schritt!**

Der zu formulierende Satz beinhaltet die Beschränkung und kann so lauten:
▶ *»Auch wenn ich mich unwohl fühle, wenn ich den höchsten Umsatz mache, liebe und ...«*
Damit machen Sie einen EFT-Durchgang.

Blockaden, Grenzen, Unmöglichkeiten   83

Der Erlaubnis-Bereitschafts-Satz kann so lauten:

▶ *»Ich bin bereit, den höchsten Umsatz zu machen, auch wenn da bisher Bedenken waren.«*

Das klopfen Sie auf dem Karatepunkt und wiederholen den Satz dreimal.

Weitere Beispiele:

▶ *»Auch wenn es mich ärgert, dass ich in Mathematik bisher keine guten Noten hatte, aber glaube, dass ich das kann, liebe und...«*

▶ *»Ich erlaube mir gute Mathematiknoten zu bekommen.«*

▶ *»Auch wenn ich es nicht geschafft habe, doppelt soviel Euro als letztes Jahr zu verdienen, liebe und...«*

▶ *»Ich schaffe es spielend, mein Einkommen wesentlich zu erhöhen im nächsten Jahr.«*

▶ *»Auch wenn ich wahrnehme, dass ich bei Vorträgen angespannt und nervös bin, liebe und...«*

▶ *»Ich bin bereit, bei Vorträgen entspannt und ruhig zu bleiben.«*

▶ *»Obwohl ich mich nicht attraktiv finde, aber meine Ausstrahlung völlig anders ist, liebe und...«*

▶ *»Ich wähle wahrzunehmen, dass ich attraktiv bin und meine gute Ausstrahlung zu behalten.«*

▶ *»Auch wenn ich meine kreativen Gedanken nicht aufs Papier bringen kann, weil ich beim Schreiben blockiert bin, liebe und...«*

▶ *»Ich entscheide, dass ich schreiben kann ohne jegliche Blockaden.«*

84   Die EFT-Methode

▶ »*Obwohl ich immer die gleichen Männer treffe, die entweder schon gebunden oder unzuverlässig sind, liebe und . . .*«
▶ »*Ich entscheide, dass ich Männer treffe, die nicht gebunden und die verlässlich sind.*«

Die Lösungssätze zum Verlassen der Komfortzone müssen eine weitere, höhere, reichere, bessere Zone des Könnens, der Leistung, der Fähigkeiten, des Erfolges beinhalten. Sie sind ein Ziel, auf das Sie sich zubewegen. Ein Ziel muss energetisierende, »ziehende« Begriffe enthalten.
Wer EFT mit sich selbst macht, wird spüren, wie diese Begriffe beleben. Wer EFT gibt, wird dies beim anderen beobachten an der Mimik, der Körperhaltung, dem Blick, der Stimme. Wenn die Lösungssätze oder Begriffe nicht stimmen, ist es sicht- und spürbar: Es passiert nichts, es kommt zu keiner Belebung.

Der **zweite Schritt** ist die Frage nach speziellen Situationen der Vergangenheit. Möglicherweise trifft man da sehr schnell auf eine ähnliche Situation des Versagens, des Scheiterns, der Schande, der Schmach, der Schuld, der Scham, des Aufgeregtseins, der Nervosität, der Unruhe. Diese Situation war unangenehm bis unerträglich. Unbewusst wirkt diese »Altlast« in jeder gleichen oder ähnlichen Wiederholung und sabotiert damit den Erfolg oder den Fortschritt. In schmerzlichen Erlebnissen wird unbewusst alles getan, es nicht mehr zu erleben – auch für den Preis, ein Talent nie leben zu dürfen.

Spezifische Erlebnisse können das nicht gehaltene Tor in einem wichtigen Entscheidungsspiel, das Verfehlen der Tonlage bei einem Gesangswettbewerb, das Bloßstellen vor anderen wegen eines verfehlten Aufsatzes, das Verfehlen eines Golfloches im Beisein wichtiger Geschäftspartner, das Vergessen von Umsatzzahlen bei einer Besprechung sein.

Hier braucht es schon etwas detektivische Kleinarbeit, die spezifischen Erlebnisse aus der Fundgrube der Erinnerungen herauszufischen.

Fragen können sein wie diese:
»An was erinnert Sie die Situation?«
»Ist schon einmal etwas Derartiges vorgekommen?«
»An wen erinnert Sie die Situation?«
»An welchen Ort erinnern Sie das jetzt?«
»Wer war denn noch dabei, als das geschah?«

Mögliche Antworten sind:

▶ *»Auch wenn mich mein Kunstlehrer in der 5. Klasse vor allen Mitschülern bloßgestellt hat, liebe...«*

▶ *»Auch wenn mein erster Trainer mich ausgelacht hat, liebe und...«*

▶ *»Auch wenn meine Eltern nicht zur ersten Theatervorstellung gekommen sind, liebe und...«*

▶ *»Auch wenn ich Weihnachten nicht mein Gedicht vortragen konnte, liebe und...«*

▶ *»Auch wenn meine Mutter sagte, dass in unserer Familie es keiner schaffen wird, liebe und...«*

▶ *»Auch wenn mein Vater sagte, ich sei zu unfähig, um..., liebe und...«*

> Das sind die Erinnerungen, die zu *»Ich schaffe so etwas einfach nicht. Das Leben ist eben so. So ergeht es mir immer.«* geführt haben. Das sind die wirklichen Blockaden.

86   Die EFT-Methode

Ergänzen Sie Ihr EFT mit Sätzen des *Verzeihens*, indem Sie dreimal den Satz wiederholend auf dem Karatepunkt klopfen.

▶ *»Ich verzeihe dem Kunstlehrer seine Bemerkungen über meinen Aufsatz.«*

▶ *»Ich verzeihe meinen Eltern, dass sie damals nicht zur Vorstellung gekommen sind.*

ERFOLGSTHEMEN

ERFOLG MIT GLÜCK

Beginnen wir mit diesen Fragen, um grundsätzliche Einwände oder Blockaden aufzudecken:
»Wie viel Glück steht Ihnen zu und woher wissen Sie, dass es nur so viel sein darf?«
»Wie unerträglich wäre ständige Zufriedenheit?«

Beispielhafte Lösungssätze:
- *»Auch wenn ich nur halb soviel Glück wie... haben darf, liebe und...«*
- *»Auch wenn ich mir gar nicht vorstellen kann, ständig zufrieden zu sein, liebe und...«*
- *»Auch wenn ich nicht weiß, warum ich mir nicht viel mehr Glück erlaube, liebe und...«*
- *»Auch wenn mich Zufriedenheit an Langeweile erinnert, liebe und...«*

Glück ist kein Zufall, sondern eher eine Frage der Einstellung – sagen amerikanische Wissenschaftler. Das Geheimnis glücklicher Menschen ist kein Rätsel mehr, denn Wissenschaftler haben sich damit beschäftigt und herausgefunden, wie die Glücklichen es machen. Übrigens die glücklichsten Menschen leben in Bangladesh.
Die Professoren Ed Diener, David Myers, Martin Seligman und Mihaly Csikszentmihalyi erforschten, weshalb manche

88   Erfolgsthemen

Leute fröhlicher, unbeschwerter und glücklicher leben. Alter, Geschlecht, Herkunft, Wohnort, Reichtum oder Bildung hat auf das Glücksgefühl keinen Einfluss.

Eine Aussage ist mir aufgefallen: Es sind nicht die außerordentlichen Glücksmomente, die Ekstase, der Hauptgewinn etc. Sie erfahren Glück durch wiederholte kleine Glücksmomente. Die Momente müssen nicht dem Zufall oder Schicksal überlassen werden. Aus der Opfer- in die Gestalterrolle zu wechseln ist das Geheimnis. Sie können einiges tun für viele kleine Glücksmomente.

Glückliche hadern nicht mit dem Schicksal. Die Glücklichen gehen anders mit den Ereignissen um. Sie hadern nicht mit dem Leben, indem sie fragen, warum ihnen das passiert. Sie fragen: Wozu ist das gut für mich? Wie kann ich das ändern? Sie denken in Lösungen statt in Problemen.

> Das gibt uns für EFT den Hinweis: Entmachten Sie das Hadern und Verdammen. Erklopfen Sie sich Lösungen. Im vorangegangenen Kapitel sind eine Fülle von Anhaltspunkten gegeben, warum Sie das nicht loslassen können oder sich positive Veränderungen nicht gestatten.

Menschen, die entspannter leben, machen es sich nicht bequem. Im Gegenteil, sie verlassen immer wieder ihre gewohnte Komfortzone. Glückliche gehen immer wieder Risiken ein und verlassen nicht etwa nur durch eine Urlaubsreise in ein unbekanntes Land ihre Komfortzone, sondern leiten Schritte ein, um neue Erfahrungen zu machen.

Medizinisch ist nachgewiesen: Vierzehn Tage reiner Relax-Urlaub senken die geistige Wachheit und damit die Glücksfähigkeit um zwanzig Prozent.

Erfolg mit Glück   89

▶ *»Auch wenn ich ein geordnetes Leben führe, was mich lähmt und leblos macht, entscheide ich mich für Neues, und das ab sofort, und dafür liebe und . . . .«*

Glückliche pflegen wenige, jedoch vertrauensvolle Beziehungen. Sie umgeben sich mit unterstützenden Menschen, statt eifersüchtigen neidvollen, negativen Freunden. Nörgler und Miesmacher gehören nicht zu ihrer engeren Wahl. Wenn dieser Bereich nicht abgedeckt ist, kann EFT mit einfachen Sätzen die Möglichkeit erschließen:

▶ *»Auch wenn ich nicht weiß, wo ich diese Menschen treffen soll, bin ich bereit für sie.«*

▶ *»Auch wenn ich glaube, dass ich niemals solche Freunde haben werde, liebe und...«*

▶ *»Ich entscheide mich für wertvolle, wertschätzende, vertrauensvolle Beziehungen.«*

Übrigens werden Sie feststellen, dass gleiche Wertvorstellungen und gemeinsames Tun mehr Tiefe in die Beziehungen bringt, als sich Geschichten von früher zu erzählen und ritualisierte Besuche.

Hingebungsvolles Arbeiten bedeutet konzentriertes Tun. Das mobilisiert das körpereigene Glückshormon Serotonin. Vorausgesetzt, die Aktivität entspricht der eigenen Begabung. Doch die meisten Menschen unterschätzen ihre Begabungen. Wie kann ich herausfinden, ob ich talentiert bin? Durch das Ausprobieren neuer Anforderungen, durch eine neue Arbeit, durch eine andere Freizeitbeschäftigung, ein neues Hobby, eine neue Beziehung möglicherweise. Unterforderung macht unglücklich.

90   Erfolgsthemen

Glückliche Menschen haben eine Vision. Eine Vision ist etwas, wofür sie leben. Die Glücklichen setzen sich selbst immer wieder Ziele. Langfristige Ziele, die sich in kleinen Schritten erreichen lassen. Dem Erreichen von Zielen ist eines der nächsten Kapitel gewidmet.

Leute, die fröhlicher leben, motivieren sich selbst. Sie haben ja über die Werte als stärkste Motive gelesen! Die Fröhlichen lassen sich nicht nur von Freuden und Spaß locken, sondern nehmen Versagen, Frustration und Ärger als Zündfunke des Antriebs. Ärger ist eine Chance zu lernen. Da wenden wir EFT mit den inzwischen vertrauten Sätze an wie:

◗ »*Auch wenn ich mich über… ärgere, liebe und…*«
◗ »*Ich entscheide, dass mich Ärger nicht lähmt.*«

Die Glücklichen packen Probleme an, denn Ordnung im Geist gehört zum Lebensgefühl der Leichtigkeit – auf dem Schreibtisch mag es da völlig anders aussehen. Glückliche fällen schnell Entscheidungen, zögern nichts hinaus (damit beschäftigen wir uns später im Kapitel *Procrastination*) und sind keine Opfer des Lebens, sondern Gestalter.
EFT kann hier mit so vielen Sätzen korrigierend eingesetzt werden. Aufmerksam gelesen, erinnern Sie sich an klassische psychologische Umkehrungen, die Sie von Glück und Leichtigkeit und Fröhlichkeit abhalten? Auf Seite 61 ff.

Glückliche geben sich selbst etwas Gutes und belohnen sich. Den Glücksakku laden sie auf mit ihrer Lieblingsmusik, einem Konzertbesuch, gutem Essen, etwas Schönes für sich kaufen, andere beschenken, Meditation, Yoga, einem Tag im Wellness-Center.

Religion, sofern sie keinen Zwang ausübt und keine Schuldgefühle hervorruft, ist ebenso eine Zutat fürs Glücklichsein.
Nur machen die großen Religionen genau das, was den Menschen unglücklich stimmt. *Religiös sein* ist eine ganz andere
Sache, denn das braucht keinen speziellen Ort, keine Gebets-
zeiten, keine Priester, keine Gurus.

Glückliche sind dankbar, weil sie ihren Blick auf das richten,
was ihr Leben bereichert, was gut läuft, was als Geschenk des
Lebens tagtäglich angeboten wird. EFT macht Sinn, wenn wir
den Satz: »*Auch wenn ich..., liebe und akzeptiere ich mich*«
noch erweitern mit »*und bin dankbar für...*«.

Bekannt sind die glücksfördernden Botenstoffe oder Hor-
mone, die durch Bewegung, also nicht unbedingt Leistungssport, ausgeschüttet werden. Gibt es irgendwelche Blockaden
wie »*Ich nehme mir vor zu joggen und dann ende ich vor dem
TV.*«, dann machen Sie das Verzeihen und das Erlauben des
EFT.

Innerer Frieden

Erlauben Sie sich ein entspanntes, freies und gelöstes Leben.
Die immer wiederkehrenden Dinge oder die Gewohnheit, zu
leiden oder gestresst oder blockiert zu sein, können durch be-
ständiges und gründliches Aufräumen mit EFT beendet werden. Um in Frieden mit sich und anderen zu leben, können
Sie EFT wie eine Psychohygiene nutzen. Schließlich putzen
und waschen wir unser Äußeres doch auch ständig. Warum
nicht ebenso innen aufräumen und alte Dinge entrümpeln?

Sie können damit aufhören, in einer Welt der Bedrohung, der Gewalt, des Neides, des Ärgers zu leben. Nur Sie können das tun, um die täglichen Herausforderungen mit Leichtigkeit und Einfachheit anzunehmen.

- Erstellen Sie eine Liste mit den Situationen, die Sie am meisten stören oder belasten.
- Schreiben Sie auch die Situationen auf, die Sie nicht mehr stören. Schon das Erinnern daran bedeutet, dass sie eine Erlösung brauchen.
- Geben Sie jeder Situation einen Begriff oder einen Filmtitel. »Mutter ließ mich allein«; »Bruder schlug mich«; »Freundin verließ mich«; »Hund biss mich«; »Schulaufgaben vergessen«.
- Dann nehmen Sie die Situationen bzw. Filme, die Sie am meisten ansprechen, weil sie den höchsten emotional geladenen Inhalt haben. Führen Sie EFT mit ihnen durch, bis Sie darüber lachen können oder nicht mehr daran denken. Wenn Sie keinen Stresswert von 0 bis 10 für eine Situation finden können, stellen Sie sich vor, Sie würden sie wegschieben oder unterdrücken, und nehmen den Wert 10. Behandeln Sie ebenfalls alle anderen Aspekte, die mit dem Thema auftauchen.
- Führen Sie jeden Tag für einige Zeit (Monate) EFT für jegliches Thema, das Sie sich aufgeschrieben haben, durch. Bemerken Sie, wie Sie sich körperlich und emotional leichter, freier, besser, frischer fühlen. Entdecken Sie, wie Ihre Beziehungen besser und harmonischer werden. Beobachten Sie, wie Themen, die Sie sehr gestresst haben, aufbrausen ließen oder ärgerlich gemacht haben, diese Reaktionen nicht mehr bewirken können. Spüren Sie, wie körperliche

Symptome sich langsam auflösen, ausbleiben, sich harmonisieren.

◆ Wenn Sie glauben, dass das Leben ohne Schmerzen und Leiden und Aufregung langweilig werden könnte, versuchen Sie es mit: »*Auch wenn mich Stille, Zufriedenheit, Friede ängstigen, liebe und...*«.

Immer noch Sorgen und Probleme?

Wissenschaftliche Untersuchungen bestätigten eine banale Erkenntnis: Wer sich Sorgen macht, kann nicht gleichzeitig glücklich sein. Und: Bei Glücksgefühlen geht gleichzeitig die Aktivität im Gehirn für sorgenvolle Zukunftsplanungen und Grübeln zurück. Also machen Sie doch EFT!

Das aus immer wiederkehrenden Problemen und Sorgen resultierende »Un-Glück«, wird mit EFT mit diesem Einstimmungssatz behandelt:

▶ »*Ich werde mir keine Probleme oder Sorgen mehr bereiten, egal was geschieht, und liebe und akzeptiere mich voll und ganz.*«

Kurzform:
▶ »*Keine Probleme und Sorgen.*«

Probieren Sie es aus! Wann immer ein Thema oder ein Symptom wieder auftaucht, machen Sie die Übung oder klopfen Sie den Zeigefinger-Punkt. Das können Sie fast überall machen. Beständigkeit führt zu Befreiung.

94   Erfolgsthemen

Keine Dankbarkeit?

Sie haben zuvor gelesen, dass die Glücklichen dankbar sind. Falls Sie nach diesem Kapitel immer noch keine Dankbarkeit empfinden, trainieren Sie es. Einmal täglich EFT mit einer Dankbarkeit:

▶ *»Ich bin dankbar für... und liebe und akzeptiere das Leben voll und ganz.«*
▶ *»Auch wenn ich nicht dankbar bin, bin ich doch dankbar, dass ich nicht dankbar sein muss, und das gibt mir so viel Freiheit.«*

Entscheidung!

▶ *»Ich entscheide mich für das Glücklichsein, die Leichtigkeit, die Fröhlichkeit und weise das Unterbewusste an, alles Erforderliche dafür zu tun, dass diese Zustände dauerhaft werden.«*
▶ *»Ich weise das Unterbewusste jetzt an, Leid und Sorgen für mich fremdartig zu machen.«*

ERFOLG MIT ERFOLG

Warum sind manche Menschen mit vielem erfolgreich und manche Menschen nicht, obwohl sie die Talente, die Ressourcen, die Mittel haben? Um erfolgreich zu sein, bedarf es einer Ausstrahlung, die diejenigen anzieht, die beim Erfolg helfen oder ihn nicht blockieren. Die Schwingung erfolgreicher Menschen ist eine einfache physikalische Angelegenheit. Jeder nimmt jegliche Schwingung wahr.

Erfolg mit Zielen und Wünschen und Veränderungen tritt dann mit hoher Wahrscheinlichkeit ein, wenn Sie eine spezielle Ausstrahlung haben, nicht nur auf Menschen. Sie wirken wie ein Magnet. Die Erfolgreichen sind nicht erfolgreich, weil sie etwas tun, sondern weil sie der Kanal sind, durch den gehandelt wird. Ein großer Unterschied – ich tue oder ich lasse geschehen!

Wenn Sie Freude ausstrahlen, werden Menschen gerne in Ihrer Nähe sein und mit Ihnen etwas unternehmen wollen, weil diese auch in Freude sind und sich bei Ihnen vertraut fühlen. Wenn Sie Leidenschaft ausstrahlen, werden andere Leidenschaftliche sich zu Ihnen hingezogen fühlen. Wenn Sie eine erotische Ausstrahlung haben, dann werden die auf Sie aufmerksam, die diese Ausstrahlung suchen und selbst haben. Glückliche Menschen suchen sich besser glückliche Menschen anstatt unglückliche Menschen, die ihnen den Zustand neiden.

Diese Anziehungskraft gilt nicht nur auf der privaten Ebene, sondern auch auf der geschäftlichen, beruflichen Ebene, denn die Beziehungen zwischen den Geschäftspartnern oder Kollegen entscheiden über ihren Fortschritt und Erfolg. Das Zwischenmenschliche entscheidet wesentlich mehr als die Fakten. Geschäftskontakte sind erfolgreich, weil die Schwingungen übereinstimmen oder weil ein Partner an der Ausstrahlung des anderen teilhaben möchte.

Wenn die Ausstrahlung oder Schwingung eines Menschen abgelehnt wird, dann erinnert sie an die eigene Beschränkung. Um mit ihr in einer kurzen Begegnung nicht konfrontiert zu werden oder ihr sogar dauerhaft zu begegnen, wird ein Kontakt vermieden oder abgebrochen.

Wenn die Ausstrahlung eines depressiven, wütenden, aggressiven, zornigen, zwanghaften, cholerischen, zynischen, manipulierenden, wehleidigen Menschen abgelehnt wird, dann um sich vor dieser Ausstrahlung zu schützen und nicht, um durch diese sozusagen infiziert zu werden.

Wenn wir Erfolg erleben wollen, dann geht es darum, andere Zustände dadurch zu erfahren. Wünsche und Ziele sind die praktische Ausformung eines Zustandes, den wir erleben möchten. Die Zustände könnten lauten:

- Freude
- Sinnlichkeit
- Dankbarkeit
- Wertschätzung
- Liebe
- Leidenschaft
- Glückseligkeit
- Ruhe
- Entspannung
- Erotik
- Intelligenz
- Reichtum

Nicht allen Menschen fällt es leicht, mit Menschen in Kontakt zu treten, die für ihren Erfolg entscheidend oder sehr hilfreich sein können – weil diese Eigenschaften oder Werte besitzen, die ihm oder ihr fehlen (scheinbar oder real).

Erfolg mit Erfolg 97

Ein fünfzigjähriger Versicherungsberater berichtet, dass er wohlhabende oder reiche potentielle Kunden nicht ansprechen kann (Akquise), weil er einmal eine Ablehnung von solch einer Person als Junge erfahren hat. Der damals Zwölfjährige entscheidet heute immer noch das Verhalten des inzwischen Erwachsenen.

Wir gehen an das Thema nach vorheriger Einschätzung und Ausdruck der Beschränkung. Da taucht durch dauerhaftes Klopfen schnell die Ursprungsgeschichte in der Schule auf. Das Gedächtnis merkt sich wirklich alles, und auch wenn es nicht permanent präsent ist, kann es das Verhalten und Denken steuern. Die Blockade entstand durch das Verhalten eines anderen Menschen, der den damaligen Jungen nicht zu einer wichtigen Party eingeladen hatte und ihm auch sonst in der Schulklasse keine Aufmerksamkeit schenkte. Der Junge interpretierte das als Ablehnung, weil er aus einer armen Familie stammte.

»Was geschieht jetzt, wenn Sie an die damalige Situation denken, als Freddy Sie nicht eingeladen hatte und in der Schule keine Notiz von Ihnen nahm?«

»Ich fühle mich abgelehnt, da ist etwas Scham dabei, ich fühle mich klein.«

»Wie stark ist das auf der Skala von Null bis Zehn?«

»Das ist jetzt eine Zehn.«

Der dazu gebildete Satz ist:

»Auch wenn ich mich jetzt so klein fühle und schäme, liebe und ...«

Nach dreimal Klopfen mit der Kurzform *»Klein fühlen und schämen«* und *»Noch etwas klein fühlen«* und *»Ein klein wenig Scham«* ist der Wert auf Null.

98   Erfolgsthemen

Jetzt können wir an das momentane Thema gehen.

»Wenn Sie jetzt an das Thema denken, einen reichen Menschen – nehmen Sie eine reale Person – wegen eines Versicherungsangebotes anzusprechen, was empfinden Sie?«

»Mir schnürt sich der Hals zu.«

»Wie unangenehm ist das Gefühl?«

»Es ist eine Acht.«

Daraus ergibt sich der Satz:

»Auch wenn sich mir der Hals zuschnürt, wenn ich an die Situation denke, liebe und ...«

Nach zweimaligem Klopfen ist der Hals frei.

»Was geschieht jetzt, wenn Sie jetzt an die Situation denken, einem sehr wohlhabenden Menschen ein Angebot zu machen?«

»Da ist noch Angst, abgelehnt zu werden!«

Auch das wird geklopft und nach einem Klopfdurchgang ist diese Angst weg. Um es abzurunden folgt das Erlauben, indem auf dem Karatepunkt geklopft wird mit einem Erlaubnissatz.

»Ich erlaube mir auch wohlhabende, reiche Menschen wegen Versicherungen anzusprechen.«

Sollte da noch etwas Ärger über sich selbst sein, weil diese Gelegenheiten bis jetzt nie wahrgenommen wurden? Wenn ja, dann räumen wir auch das aus.

»Ich verzeihe mir, bei so vielen Gelegenheiten Angst gehabt zu haben.«

Wenn Sie beispielsweise nicht wagen sich anderen Menschen zu nähern oder sie anzusprechen, weil diese das haben, was Sie nicht haben oder glauben nicht zu sein, können Sie EFT mit den Verboten oder Einschränkungen machen:

Erfolg mit Erfolg 99

▶ »*Auch wenn ich mich klein und unbedeutend gegenüber wohlhabenden Menschen fühle, liebe und...*«

▶ »*Auch wenn ich scheinbar nicht so intelligent wie... bin, liebe und...*«

▶ »*Auch wenn ich nicht diese Schönheit von...habe, liebe und...*«

▶ »*Auch wenn ich nicht so viele Erfolge vorzuweisen habe wie..., liebe und...*«

Wenn wir allerdings die gegenteiligen Stimmungen, Emotionen oder Zustände erleben, ist es wahrscheinlicher, dass jeder diese Schwingung wahrnimmt. Deshalb werden wir wesentlich geringere Chancen haben, dass sich jemand oder etwas gerne mit uns umgibt, uns unterstützt, uns entgegenkommt, uns fördert, uns liebt. Was uns dahin bringt, könnte so lauten:

- Angst
- Hass
- Wut
- Eifersucht
- Neid
- Hilflosigkeit
- Schwäche
- Scham
- Schuld

Wenn die Wünsche, Ziele und Veränderungen nur gering oder gar nicht eintreten, dann ist das Aufräumen der blockierenden Zustände mit EFT angebracht. Damit sich die Ausstrahlung ändert, dem Erfolg nichts im Wege steht und unsere

100 Erfolgsthemen

Beziehungen erfreulicher und leichter werden. Bedenken Sie, ob Ihr bisheriger Misserfolg möglicherweise darin begründet ist, dass Sie die vorgenannten Zustände bei sich selbst wahrnehmen. Wie Sie diese blockierenden Zustände auflösen, haben Sie inzwischen gelernt. Nutzen Sie EFT für alle Blockaden, die Ihnen auffallen.

Erfolg zu haben oder zu erreichen kann mit der Überzeugung verbunden sein, dass Erfolg Blut, Schweiß und Tränen – Anstrengung bedeutet. Allein der Gedanke daran, was der Erfolg kosten könnte, kann den ersten Schritt verhindern. Wenn Sie zurückblicken, haben Sie viele kleine und große Erfolge erzielt. Sie lernten stehen, gehen, laufen, den Löffel halten, die Schuhe zubinden. Das waren spielerische Erfolge, oder?

Wenn Sie sich diese und die vielen anderen spielerischen Erfolge vergegenwärtigen, tun Sie etwas für Ihren Selbstwert und gegen die Überzeugung der Anstrengung. Jeder hat in seinem Leben mindestens einmal erlebt, dass mit spielerischer Einstellung und spielerischem Verhalten ein Erfolg mühelos erreicht wurde. Wenn Sie einige Erfolge gefunden haben, auch wenn es das kunstvolle Einpacken eines Weihnachtsgeschenkes war oder das kreative Gestalten einer Einladungskarte, erinnern Sie sich der Gefühle dabei, erinnern Sie sich, wie sich Ihr Körper anfühlte, erinnern Sie sich der Zufriedenheit oder des Wohlbefindens oder so gar mehr?

Sprechen Sie es aus.
Dann nehmen Sie diese Erfolge in den dreimal wiederholten und auf dem Karatepunkt geklopften Erlaubnissatz.

Erfolg mit Erfolg 101

‣ *»Ich erlaube mir ab jetzt in meiner Arbeit so spielerisch erfolgreich zu sein wie damals, als ich den schönen Aufsatz geschrieben habe.«*

‣ *»Ich erlaube mir spielerisch erfolgreich zu sein mit dem Projekt...wie bei meinem ersten Fallschirmsprung.«*

‣ *»Ich erlaube mir jeglichen Erfolg, weil ich spielerisch bleibe wie bei meinem ersten gemalten Bild.«*

‣ *»Ich bleibe spielerisch bei meinen EFT-Sitzungen wie im Zusammensein mit meinen Freundinnen, auch wenn Personen mit großen Problemen kommen.«*

Wenn Sie glauben, Ihnen fehlen Talente oder Qualitäten, können Sie mit EFT der Sache auf den Grund gehen. Wenn Sie nicht malen können, weil Sie es nicht gelernt haben, werden Ihre Bilder selten attraktiv. Wenn Sie nicht Klavierspielen gelernt haben, dann ist Ihr Klavierspiel das eines kleinen Kindes, das auf die Tasten klopft. Sie und alle Menschen haben zahlreiche Qualitäten, die entweder unterdrückt, nicht anerkannt oder vergessen sind. Ja, es kann sein, dass Qualitäten abgelehnt werden. Um die Sache zu erhellen, eignet sich diese Vorgehensweise: Denken Sie an die meist bewunderten Qualitäten einer Person, die Sie kennen. Da mag Bewunderung, Respekt, Anerkennung sein.

Doch manchmal wird diese Bewunderung von Neid überdeckt. Machen Sie EFT damit.

‣ *»Auch wenn ich... ihre Schönheit neide, liebe und...«*

‣ *»Auch wenn ich es...neide, wie er Umsatz macht, liebe und...«*

‣ *»Auch wenn ich... die Zielstrebigkeit, die Gewandtheit, die Cleverness, die Kompetenz neide, liebe und...«*

102 Erfolgsthemen

Manchmal sabotiert der Verstand mit der Idee der Unmöglichkeit.

▶ »*Auch wenn ich nie so sein könnte wie..., aber es nicht wirklich beweisen kann, liebe und...*«

▶ »*Auch wenn das nie so machen könnte wie..., verzeihe ich mir diese Gedanken und liebe und...*«

▶ »*Obwohl ich mir nicht zutraue/zugestehe... zu machen, auch wenn ich es nie probiert habe, liebe und...*«

Was Erfolg behindern kann, können abgelehnte Eigenschaften sein – oder sogenannte Wesenszüge. Die Ablehnung resultiert oft aus urteilenden Bemerkungen wichtiger Menschen, die Sie so interpretiert haben, dass das für Sie nicht gut oder schlecht ist. »Sprich nicht so laut!« (Später: Vortragsredner!) »Sing nicht dauernd vor dich hin!« (Später: Sängerin!) »Wir spielen nicht mit Lebensmitteln!« (Später: Koch!) »Mach nicht so viel Lärm!« (Später: Schlagzeuger!) »Man quält keine kleinen Tiere.« (Später: Chirurg!) »Lass das Blumenbeet in Ruhe!« (Später: Archäologin!)

Was immer Sie finden, was Sie bei sich meinen ablehnen zu sollen oder was Sie nicht sein dürfen, klopfen Sie einige Male mit:

▶ »*Auch wenn ich (diese Qualität, Eigenschaft) bin/habe, liebe und...*«

Erst danach machen Sie EFT mit den Ereignissen und Personen, die Ihnen das »so sein« oder »das nicht so zu sein« verboten haben. Wenn Sie keine Situation finden, klopfen Sie einfach mit den negativen Gedanken, die während des Prozesses auftauchen. Jede kleine Bemerkung des Verstandes ist wertvoll und kann mit EFT geklopft werden.

Erfolg mit Erfolg 103

Oder Sie fragen sich selbst, von wem oder wann Sie gelernt haben, Sie seien... (beispielsweise das Gegenteil von intelligent). Damit machen Sie EFT, bis sich eine Antwort einstellt:

▶ *»Auch wenn ich nicht weiß, woher das kommt, dass ich glaube... zu sein, liebe und...«.*

▶ *»Auch wenn ich mich nicht erinnere, wer mir beigebracht hat, ich sei..., liebe und...«*

▶ *»Ich erlaube mir, zu erfahren, wer mir erzählt hat, ich sei...«*

▶ *»Ich erlaube mir, mich zu erinnern, wann das begonnen hat, dass ich mich...fühlte.«*

Die größte Angst ist nicht, schwach oder nicht genug zu sein. Wir fürchten uns vielmehr, abgelehnt zu werden oder zuviel zu sein für die anderen, unsere Partner, unsere Freunde, die Gesellschaft. Wir könnten zu stark, zu wild, zu intelligent, zu kreativ, zu laut, zu genial, zu sexy, zu schön, zu liebevoll, zu zärtlich, zu still, zu ehrlich sein.

Wie ist Ihr Leben, wie sind Sie – wenn Sie frei von allen diesen Ängsten sind? Wie erfolgreich sind Sie dann?

▶ *»Auch wenn ich glaube, ich würde... zuviel werden, liebe und...«*

▶ *»Ich erlaube mir, frei von der Überzeugung... zu sein.«*

▶ *»Ich erlaube mir, auszuprobieren, wie es ist, wenn ich... bin.«*

> Machen Sie EFT mit allen Themen, die Ihnen jetzt dazu einfallen. Täglich einmal, bis Sie wahrnehmen, dass diese Überzeugung nicht mehr greift, nicht mehr stimmt.

Die Angst vor dem Erfolg braucht genauso viel, wenn nicht mehr Kraft als die Arbeit mit der Angst vor dem Misserfolg.

104 Erfolgsthemen

Es gibt die kuriosesten Einwände gegen Erfolg:

»*Ich würde xy verlieren.*«

»*Meine Freunde würden mich meiden.*«

»*Xy würde mich nicht verstehen.*«

»*Zu xy würde die Beziehung abbrechen.*«

»*Alle Kollegen würden mir aus dem Weg gehen.*«

»*Keiner in meiner Familie hatte Erfolg – warum ausgerechnet ich?!*«

»*Alle würden sagen, das wäre gefälscht.*«

»*Keiner würde mir zuhören.*«

»*Kritiker würden sagen, es wäre abgeschrieben.*«

Die Argumente gegen Erfolg können mit EFT erfolgreich behandelt werden. Machen Sie einige Runden mit solchen Sätzen oder einem, den Sie für sich selbst finden:

- »*Auch wenn ... habe, liebe und ...*«
- »*Auch wenn ich ... werde, liebe und ...*«
- »*Auch wenn ich zu einer/einem ... werde, liebe und ...*«
- »*Auch wenn ich ... erreiche, liebe und ...*«
- »*Auch wenn ich ... verliere, weil ich ..., liebe und ...*«
- »*Auch wenn ich anders als ... werde, liebe und ...*«
- »*Auch wenn mein Leben anders verläuft als das Leben von ..., liebe und ...*«
- »*Auch wenn ich damit zum Außenseiter werde, liebe und ...*«
- »*Auch wenn ich unter den Außenseitern der Außenseiter werde, liebe und ...*«

Das sind faszinierende Beispiele, wie EFT helfen kann, hemmende Überzeugungen aufzulösen, damit das Potential aufblühen kann.

> Die Welt und das Leben sind immer so, wie Sie sich das vorstellen. Durch andere Vorstellungen entsteht ein neues Leben, eine andere Welt.
> Wann immer Sie sich nur darauf konzentrieren, was jetzt ist, können Sie nie erreichen, was sonst noch alles sein könnte.

ERFOLG MIT WÜNSCHEN UND ZIELEN

In Indien werden seit Hunderten von Jahren junge Elefanten zu Arbeitstieren abgerichtet. Zu Beginn des Trainings wird ein kleiner Elefant mit einer schweren Eisenkette an einen großen Baum gekettet. Im Laufe der Zeit werden Kette und Baum immer mehr reduziert, bis man schließlich den erwachsenen Elefanten mit einem Band an einen grünen Zweig binden kann, ohne dass er sich befreien würde.

Die in dem jungen Elefanten entstandene Überzeugung: »Ich bin gefangen«, hat ihn so geprägt, dass kein Impuls, seine Freiheit wiederzuerlangen, möglich ist. Er erwägt nicht mehr, die Realität der Gefangenschaft zu überprüfen. Sie ist zu einer endgültigen Tatsache geworden.

Könnte es sein, dass das menschliche Bewusstsein ähnlichen Gesetzmäßigkeiten unterliegt? Dass Sie aufgewachsen sind mit begrenzenden Vorstellungen wie z. B.: »Ich kann nie tun, was ich tun möchte. Manche Dinge lassen sich einfach nicht ändern. Ich bin nicht talentiert genug. Ich weiß nicht, was ich will. Ich bin den Umständen hilflos ausgeliefert« und so weiter und so fort, und dass wir diese Überzeugungen und Vorstellungen jetzt als endgültige, unumstößliche, zweifelsfreie Realität erleben?

Ein einfaches Beispiel kurioser Überzeugungen ist, dass Arbeit eine Last ist und schwerfallen *muss* und nicht die natürliche Lust am Bewegen und Umsetzen der Energie ist – was jedes Kleinkind durch Schreien, Strampeln, Zerren und Beißen macht (ohne einer Überzeugung damit zu folgen).

Da Überzeugung und Glaube so stark das Denken und Handeln dominieren, ist es klar, dass Sie sich als Erwachsener nur solche Wünsche und Ziele denken können, die innerhalb der begrenzenden Überzeugungen sind. Es ist damit verständlich, dass wir vor neuen Herausforderungen zurückschrecken und oft nicht wagen, uns kühne Ziele zu setzen oder grandiose Wünsche zu haben und wir immer die gleichen Situationen erleben, egal wie stark die Vorsätze oder Schwüre waren, es beim nächsten Mal besser oder anders zu machen.

Was meine ich hier mit Zielen und Wünschen? Ihr Ziel muss keine Berufung sein, es muss nicht zu einer lebenslangen Mission werden wie die Welt zu retten oder den Planeten zu verändern. Da werden Sie auf vielfachen Widerstand stoßen, den Sie mit EFT nicht bearbeiten können. Einfache Ziele wie bessere Bilder malen, höher oder weiter zu springen, mehr Einkommen zu erzielen oder das Gewicht zu reduzieren meine ich hier. Dazu muss ein Wollen da sein. Das reicht. Der Wunsch oder das Ziel muss eine Wichtigkeit haben. Die üblichen Affirmationen wie »Ich werde von Tag zu Tag schöner« helfen nichts, wenn es Zweifel, Bedenken oder die üblichen Blockaden gibt wie »Das steht mir nicht zu«, »Das wäre zuviel verlangt«.

Was immer Ihnen jetzt schon dazu einfällt, Ihre »Ausreden« sind die Lösungssätze für ein erstes EFT mit diesen.

- *»Auch wenn ich nicht so viel vom Leben erwarten kann, liebe und…«*
- *»Auch wenn ich glaube, dass mir das nicht zusteht, liebe und…«*
- *»Auch wenn ich mich erinnere, dass das nie geklappt hat, liebe und…«*

Manche Menschen haben sich das »Ziele-Setzen« abgewöhnt, weil es »sowieso zu nichts führt«. Die Apathie hat gesiegt, und möglicherweise heißen die Ketten des Elefanten hier: »*Wozu sollte ich nach Großem streben? Wozu die ganze Anstrengung? Schuster bleib' bei deinen Leisten. Den Ball immer flach halten. Wer hoch hinauf kommt, fällt tief herunter. Ehrgeiz ist Gift. Ich muss Rücksicht nehmen. Meine Kinder hindern mich. Ich kann nichts. Ich bin zu schwach. Ich kann nicht fordern. Ich fürchte aufzufallen.* »

Natürlich machen Sie EFT mit diesen Sätzen, die Ihnen eine innere Stimme zuflüstert, wie »ich darf nichts fordern«:

- *»Auch wenn ich nichts fordern oder nichts verlangen darf und ich deshalb besser keine großartigen Wünsche oder hohen Ziele habe, liebe und…«*

Wünsche sind eine starke innere Kraft. Um die Sache zu klären, unterscheide ich zwischen halbherzigen Wünschen, die kein Wollen, keine Wichtigkeit, keine Kraft haben, und klaren

Zielen, die ohne Zweifel sind, die Sie beleben, aktivieren, begeistern.

> Diese Ziele anzugehen, heißt Verantwortung für Sie selbst zu übernehmen. Verantwortung zu übernehmen bringt für Sie Freiheit.

Jeder Wunsch ist ein Gedanke. Je stärker der Gedanke mit Spannung und Gefühl kombiniert wird bzw. aufgeladen wird, desto stärker wird die Bewegung sein, die daraus resultiert. Je klarer die Vorstellung ist, desto genauer wird die Wunscherfüllung sein. Konzentrieren Sie sich also auf Ihren Wunsch so stark wie möglich. Schreiben Sie ihn auf, malen Sie das Objekt, drehen Sie einen inneren Film. Spüren, schmecken, riechen, fühlen, hören Sie alles, was mit diesem Wunsch verbunden ist.

Welche Wünsche oder Ziele (auch solche, die Sie fast nicht zu denken wagen, die absolut unmöglich erscheinen, die ein schlechtes Gewissen erzeugen, die mit zahlreichen Vorurteilen beladen sind, die sich in der jetzigen Situation nicht erfüllen lassen) haben Sie?

Das Ziel gegenüber der Welt zu offenbaren – und wenn es auch nur dadurch ist, dass man sich selbst gegenüber zugibt, dass man es will – kann für sich selbst gesehen schon ein Angst einflößender Gedanke sein, wenn das Ziel groß und verrückt genug ist. Sollten Sie jetzt schon Widerstände wahrnehmen, dann nehmen Sie diesen mit folgenden Beispielen ihre Kraft:

Erfolg mit Wünschen und Zielen 109

- »*Auch wenn ich jetzt schon Widerstände spüre, liebe und...*«
- »*Auch wenn mir dabei schwindelig wird, liebe und...*«
- »*Auch wenn mein Verstand nicht mitspielen will, liebe und...*«
- »*Auch wenn ich nicht gut genug bin, um..., liebe und...*«
- »*Auch wenn ich glaube, die Fähigkeiten nicht zu haben, die man braucht, um..., liebe und...*«
- »*Auch wenn ich (Begrenzungen wie zu alt, zu jung, nicht klug genug, zu ungebildet, zu rastlos, zu schwach etc.)...bin, liebe und...*«

Wenn es etwas Großartiges, Außergewöhnliches gäbe, was über Ihr bisheriges Erleben hinausgeht, was wäre das? Schreiben Sie sich Ihre jetzigen Wünsche und Ziele auf – am besten *jetzt*, und dann lesen Sie weiter.

....

Haben Sie sich erlaubt, den Rahmen Ihrer bisherigen Möglichkeiten zu sprengen? Finden Sie Wünsche, die großartig sind, die Sie begeistern? Machen Sie anschließend EFT mit Erlauben, Wertschätzung, Bereitschaft. Klopfen Sie diese Sätze auf dem Karatepunkt:

- »*Ich bin es wert, dass ich... erhalte*«
- »*Ich bin bereit, dass mir...passiert.*«
- »*Ich bin bereit, dass ich... erlebe.*«
- »*Ich erlaube mir zu erleben, dass ich...*«
- »*Ich bin es wert, dass andere mich dabei unterstützen.*«
- »*Ich bin bereit, Hilfe und Unterstützung dabei zu erfahren.*«
- »*Ich darf das Ziel... erreichen.*«
- »*Ich darf erfahren, dass ich...*«

110 Erfolgsthemen

◗ »*Ich erlaube mir, ungeahnte Hilfen zu bekommen.*«
◗ »*Ich bin bereit für jeden Hinweis des Lebens.*«

Immer noch Zweifel?

◗ »*Auch wenn da noch etwas Zweifel ist, liebe und akzeptiere ich mich voll und ganz und bin bereit, diesen Zweifel aufzugeben.*«
◗ »*Auch wenn ich bezweifle, dass ich ... (das Ziel) kann/werde/ bekomme, liebe und ...*«

Und jetzt machen Sie EFT mit dem genauen Gegenteil – dass es erreicht und realisiert ist:
◗ »*Auch wenn ich ... (Ziel) erreicht habe/bekommen habe/geworden bin und auch wenn ich ... (Ziel) werde, liebe und ...*«

Auf dem Weg

Auf dem Weg zur Erfüllung können Sie »Übergänge« mit EFT bearbeiten. Helfen Sie sich, bevor Sie aufgeben. Setzen Sie EFT für negative Gedanken ein – die Ihre alten Geschichten sind, die Sie nicht mehr wiederholen wollen – und um sich für die weiteren Schritte zu stärken.

◗ »*Auch wenn ich total frustriert bin, dass (was nicht erreicht wurde), liebe und ...*«
◗ »*Auch wenn mir scheinbar nichts richtig gelingt, liebe und ...*«
◗ »*Auch wenn ich am liebsten mit allem aufhören möchte, liebe und ...*«

- *»Auch wenn es mir so schwer fällt, liebe und...«*
- *»Auch wenn ich mir nicht vorstellen kann, (Ziel) jemals zu er-reichen, liebe und...«*

Damit bekommen Sie Kraft zum Durchhalten:
- *»Ich entscheide, all das anzupacken, was mich meinem Ziel näher bringt.«*
- *»Ich entscheide, dass meine Begeisterung für das Ziel anhält.«*
- *»Ich wähle, so lange dranzubleiben, bis ich erfolgreich bin.«*
- *»Ich entscheide, mit Leichtigkeit das Ziel zu erreichen.«*
- *»Ich entscheide, dass sich mein Herzenswunsch erfüllt.«*
- *»Ich entscheide mich, alle Blockaden, die meinen Erfolg brem-sen, auszuräumen.«*
- *»Ich entscheide mich für das Vertrauen, dass ich erfolgreich sein werde.«*

Jegliche Angst vor Erfolg, vor einer Veränderung des sozi-alen Umfelds, der Partnerschaft, des Wohnortes, des Ar-beitsplatzes – eben alles das, was danach auftaucht – ebenso klopfen.

ERFOLG MIT GELD UND WOHLSTAND

Ein Aspekt ist Glück. Das Glück, zum richtigen Zeitpunkt am richtigen Ort zu sein und die richtige Entscheidung zu tref-fen, damit Sie zu Wohlstand kommen, der an Geld gemessen werden kann. Vielleicht sind Sie in eine wohlhabende oder sehr reiche Familie geboren worden und es fällt Ihnen in den Schoß. Möglicherweise wurde Ihnen alles vom Leben gege-

112 Erfolgsthemen

ben. Ein anderer Aspekt kann Ihre Ausstrahlung sein, dem Magnetismus eines erfolgreichen Menschen – wie bereits beim Thema *Erfolg* erwähnt. Erfolgreiche und Wohlhabende umgeben sich mit Erfolgreichen, Wohlhabenden und werden von diesen unterstützt.

Es gibt auch die Fälle – und das sind viele –, wo Menschen keinen Wohlstand erreichen, das Geld immer knapp ist, wo immer ein Minus schon lange vor dem Monatsende im Konto steht. Abgesehen von den politischen Verhältnissen, die es gar nicht vorsehen, dass alle Wohlstand erleben, oder wirtschaftlichen Umständen, die gelegentliche Tiefs zwangsläufig – im Sinne vom Yin und Yang der Zustände – machen, gibt es Menschen, die starke Blockaden gegen Wohlstand, Geld und Reichtum haben. Und es gibt Menschen, die den geerbten oder geschenkten oder gewonnenen Reichtum in kurzer Zeit vernichten.

Ein Mann, der vor dem Gründen einer Familie stand und gerade seine Miete nicht überweisen konnte, sagte mir, dass er sich über die finanzielle Situation viele Gedanken mache. Er habe nie aus seinen Fähigkeiten und Talenten einen beachtlichen oder zufrieden stellenden Wohlstand machen können. Er sah, dass er in regelmäßigen Abständen Entscheidungen trifft, die ein finanzielles Chaos zur Folge haben. Nach mehreren Rückfragen und etwas Klopfen mit den Sätzen »*Auch wenn ich finanziell kein Glück habe, liebe und...*«, »*Auch wenn ich es bisher nicht geschafft habe, aus meinem Talent viel Geld zu machen, liebe und...*«, »*Auch wenn ich nicht weiß, was mich blockiert, liebe und...*« kommt dem Fünfzigjährigen die Erinnerung »Ich habe mir als Junge gesagt, dass ich lieber arm und glücklich sein werde.« Von dem Mann haben Sie ja schon gelesen.

Schwüre, Gelöbnisse, Verdammungen, Idole, Ideale, kollektive oder individuelle Grenzen haben eine große Macht.

Um diese Themen tiefgehend zu behandeln empfiehlt es sich – wie bei allen anderen Erfolgsblockaden –, alle Überzeugungen und Glaubenssätze zu untersuchen. Wenn Sie EFT mit sich selbst machen, hilft es, wenn Sie sich eine Liste aller Gedanken zu dem Thema anlegen. Wenn Sie EFT einer anderen Person geben, hilft dauerndes Klopfen auf irgendwelchen Punkten, wie dem Karatepunkt oder Gamutpunkt, um den Fluss der Gedanken anzuregen.

Aber klären wir zuerst die **Rahmenbedingungen**:
- Bemessen Sie, was wohlhabend ist in Ihrer Währung.
- Wie viel soll als Rücklagen immer vorhanden sein?
- Wie viel soll monatlich oder jährlich dazukommen?
- Müssen Sie dafür viel arbeiten?
- Muss es anstrengend sein, so viel Geld zu erarbeiten?
- Fließt Ihnen das Geld, fließen Ihnen Aufträge oder Gelegenheiten zu?
- Darf Ihnen der Wohlstand, das Geld geschenkt werden?
- Was sonst gehört zum Zustand »Wohlhabend-Reich-Erfolgreich«?

Forschen Sie nach **Überzeugungen** bezüglich:
- *Wohltätigkeit* (christlich sein heißt ... – wer ist wohltätig – wer kann oder soll wohltätig sein – muss man erst einmal haben, um zu geben? – was ist die Belohnung dafür)
- *Kunden und Klienten* (was dürfen Sie von denen verlan-

gen – stehen Sie über ihnen oder unter ihnen – sind sie störend – sind Sie von den Kunden abhängig – haben sie Macht über Sie)

- *Gründe zum Stehlen oder Betrügen* (gibt es eine Legitimation zum Stehlen oder Betrügen – gibt es anerkannte Vorbilder von Räubern und Dieben – wen dürften Sie bestehlen oder betrügen – wem würden Sie am liebsten etwas stehlen, was dieser mehr oder zu viel hat)
- *Armut* (selig sind die Armen im Geiste – lieber arm und glücklich, als …)
- *Arbeit* (durch Arbeit ist noch keiner reich geworden – im Schweiße meines Angesichts – Arbeit ist anstrengend – Arbeit bringt nichts)

Da gibt es ethische, religiöse, kulturelle, individuelle **Glaubenssätze**. Hier einige Möglichkeiten, wie man sich *nicht* wohlhabend macht. Wobei wohlhabend, reich eine pauschale Größe ist, die wohl von Bill Gates und dem Straßenmusikanten in der Innenstadt sehr verschieden bemessen wird.

- Geschenke annehmen ist mir peinlich.
- Unglücklich und reich ist beispielsweise…
- Geben ist seliger denn Nehmen.
- Es ist spirituell, arm zu sein.
- Dienen darf nichts kosten.
- Geld macht unglücklich.
- Ich schäme mich, Geld zu verlangen.
- Wie gewonnen, so zerronnen.
- Reiche sind gierig und unehrlich.
- Wäre ich reicher oder wohlhabender, würden sich meine Freunde abwenden.

Erfolg mit Geld und Wohlstand 115

- Wäre ich reich oder wohlhabend, würden alle etwas von mir wollen.
- Eher geht ein Kamel durch ein Nadelöhr, als dass ein Reicher ins Himmelreich kommt.
- Ich will nicht wegen meines Geldes geliebt werden.
- Geld stinkt.
- Geld ist die Wurzel allen Übels.
- Ich bin es nicht wert.
- Es steht mir nicht zu.
- Das ist mein Karma in diesem Leben.
- In meiner geistigen Welt brauche ich kein Geld.
- Bescheidenheit ist eine Zier.
- Das Einzige, was... interessiert, ist Geld, und so will ich nicht sein.
- Ich brauche kein Geld.
- Es gibt so viele Dinge, die wichtiger sind als Geld.
- Reiche Menschen sind. . ...

Nachdem Sie vielleicht zu einigen dieser Überzeugungen genickt haben, weil Sie diese von sich selbst kennen, können Sie damit EFT machen.

In einer zweiten Runde EFT können Sie die blockierenden Überzeugungen mit Ihren *Wünschen* oder *Zielen* verbinden und sich das erlauben, was Sie wünschen.

▶ *»Auch wenn ich glaube, dass Geld nicht glücklich macht, liebe...«*

▶ *»Auch wenn ich glaube, dass Geld stinkt, wähle ich, mein Einkommen wesentlich zu erhöhen, und dafür liebe...«*

▶ *»Auch wenn Geld nicht alles ist, erlaube ich mir, 50.000 Euro auf dem Festgeldkonto zu haben.«*

116 Erfolgsthemen

▶ »*Auch wenn ich glaube, wie meine Eltern zu sein, die in armen Verhältnissen leben (lebten), erlaube ich mir, wohlhabend zu sein.*«

▶ »*Auch wenn ich nichts verlangen darf, erlaube ich mir, gutes Geld für meine Arbeit zu bekommen.*«

▶ »*Auch wenn ich so kleinmütig und bescheiden bin, erlaube ich mir, ein komfortables, luxuriöses Leben zu führen.*«

▶ »*Auch wenn ich mich schlecht fühle, wenn ich von meinen Kunden viel Geld verlange, erlaube ich mir, dies ab jetzt ohne Schuldgefühle zu tun.*«

▶ »*Auch wenn ich Kunden keinen hohen Preis nennen kann, ohne dass mir die Stimme versagt, erlaube ich mir, dies ab jetzt ohne Zwiespalt zu machen.*«

Wenn hier eine Selbstbeschimpfung mit Ärger oder Wut über jahrzehntelangen Geiz, Sparsamkeit, Zurückhaltung, verpasste Gelegenheiten usw. auftaucht, machen Sie anschließend das Verzeihen.

▶ »*Auch wenn ich so viele lukrative Angebote verpasst habe, verzeihe ich mir voll und ganz in der Gewissheit, dass ich ab jetzt für Geld und Wohlstand offen bin.*«

▶ »*Ich verzeihe mir meinen Geiz.*«

▶ »*Ich verzeihe mir meine Ängste, mich unter reiche Menschen zu begeben.*«

▶ »*Ich verzeihe mir meine Scham wegen meiner Armut.*«

Jetzt können Sie noch einige **Identitäten** untersuchen, die das Thema hartnäckig verteidigen:

◆ Ich bin im Recht.
◆ Ich bin rechtschaffen.
◆ Ich weiß es besser.

Erfolg mit Geld und Wohlstand 117

- Ich bin spirituell.
- Ich bin heilig.
- Ich bin besonders.
- Ich bin besonders, weil ich….
- Ich bin vernünftig.
- Ich so ehrenwert.
- Ich bin asketisch.

Damit machen wir EFT!

▶ »*Auch wenn ich glaube, im Recht zu sein und meine Spar-samkeit und Einfachheit verteidige, liebe und…*

▶ »*Obwohl ich Geld verachte und kein Geld verlange, liebe und…*

▶ »*Obwohl ich ein rechtschaffener Mensch bin, dem Wohlstand nicht zusteht, liebe und…*

▶ »*Auch wenn ich meine es besser zu wissen als alle anderen, die viel Geld verdienen, liebe und…*

Danach können Sie in folgendes Thema hinein spüren, während Sie klopfen. Besser geht es jedoch, wenn Ihnen ein anderer diese Fragen stellt und bei Ihnen klopft:

▶ »*Fühlen Sie, was Sie fühlen, jemand zu sein, der sich Geld wünscht.*«

▶ »*Fühlen Sie, wie es sich anfühlt, jemand zu sein, der Widerstand gegen Reichtum hat*«

▶ »*Fühlen Sie, wie es sich anfühlt, jemand zu sein, der sich Geld wünscht, aber nicht bekommt.*«

▶ »*Fühlen Sie, wie es sich anfühlt, jemand zu sein, der sich Geld wünscht (und dann, wenn Sie es fühlen…), und jetzt fühlen Sie, wie es sich anfühlt, jemand zu sein, der Widerstand gegen Geld hat.*«

118 Erfolgsthemen

Kommt ein unangenehmes Gefühl einschließlich körperlicher Reaktionen auf, dann kann sofort damit EFT gemacht
werden, bis sich die Reaktionen aufgelöst haben.

▶ *»Auch wenn mir schlecht wird bei dem Gedanken, Geld zu
wollen, liebe und...«*
▶ *»Auch wenn ich Widerwillen wahrnehme bei dem Thema
Geld und Reichtum, liebe und...«*

Viele Menschen sind Gefangene ihrer Ideen – Worte der Eltern, der Gesellschaft, eines kleinen Jungen oder Mädchens,
die in ihnen sprechen. Sie wiederholen Gedanken eines Pu-
bertierenden und folgen deren Anweisungen, Befürchtungen, Ängsten und Erlebnissen als ob sie aktuell wären.
»Ich würde so gerne mein Einkommen verdoppeln.«
*»Ich habe es so nötig, doch ich weiß nicht, wie ich an potentielle
Kunden kommen kann.«*
*»Irgendwie bin ich blockiert, besonders einflussreiche, wohlha-
bende Menschen anzusprechen.«*

Hier ist es möglich, durch das Aufdecken der Ursprungsge-
schichten oder übernommenen Glaubenssätze die Blockade
aufzulösen.

Beispielsweise hatte mich als junger Mann bei einer meiner
ersten Arbeitsstellen in einem großen Industrieunternehmen
ein fast gleichaltriger Abteilungsleiter während des gemeinsamen Mittagessens in der Kantine zurückgewiesen, als ich
in vertrautem Ton mit ihm sprach: »Das heißt immer noch
Herr... für Sie. Wir wollen doch noch die Unterschiede anerkennen, Herr Keller!« Dieser Abteilungsleiter war Enkel des
Unternehmers, was ich nicht wusste, aus sehr reichem Haus,

akademisch gründlichst gebildet und immer sehr elegant gekleidet. Alles das, was ich nicht war oder hatte zu diesem Zeitpunkt. Mir wurde es richtig schlecht, ich konnte keinen Bissen mehr herunterbringen. Ich hätte mich am liebsten in Luft aufgelöst.

Der Abteilungsleiter hatte *seine* Gründe, die ich nicht kannte, warum er mich zurückwies. *Ich* hatte andere Gründe, warum ich seine Nähe suchte. Beide Gründe spielen heute keine Rolle mehr, hatten aber für Jahre Auswirkungen auf mein Verhalten. Aus dem Vorfall konnten sich Überzeugungen bilden wie: »Lass dich nicht mit Reichen ein, sie weisen dich zurück. Reiche sind überheblich. Akademiker sind arrogant. Denen kannst du nicht das Wasser reichen. Du bist nicht gut genug.«

Das Wiedererleben des Ereignisses und Spüren der Emotionen bringt die Erkenntnis: »Aha, ich sollte besser nicht mit wohlhabenden, reichen, akademisch gebildeten Menschen oder gar Männern zusammenarbeiten, mit ihnen verhandeln, mit ihnen in irgendeinem Bereich zusammenkommen, weil ich eine Zurückweisung, eine herablassende Geste und die damit verbunden Gefühle nicht mehr erleben will – *nie mehr* erleben will!«

Bei solchen spezifischen Ereignissen bietet sich EFT hervorragend an, die erlebten Zustände aufzulösen. Das Erleben kann frei von den Emotionen werden, die mit ihm verbunden sind. Dann kann es nicht mehr wirken.

Jegliche Emotionen, die auftauchen, wie »mir wird schlecht, ich schäme mich, fühle mich so klein, es schmerzt, ich bekomme Wut, ärgere mich über mich selbst...«, werden sofort zum Inhalt des EFT, bis die Situation frei von Emotionen ist.

120 Erfolgsthemen

▶ »Auch wenn mir jetzt noch schlecht wird, wenn ich jetzt daran denke, wie sich Herr … abwendet, liebe und…«

▶ »Auch wenn ich mich jetzt noch ärgere, wenn ich daran denke, wie Herr… mich herablassend ansieht, liebe und…«

Und danach kann das Erlauben des Wohlstands, des Reichtums, des finanziellen Erfolges mit EFT verankert werden:

▶ »Ich bin bereit, große Aufträge zu erhalten.«

▶ »Ich bin bereit für einen ständigen Geldfluss und Wohlstand.«

▶ »Ich fordere das Leben auf, mich zu beschenken mit…«

▶ »Ich bin es wert.«

▶ »Ich sehe, dass meine Eltern ihr Bestes taten, aber jetzt erschaffe ich mir mein Leben in Wohlstand.«

▶ »Es ist sicher, in Wohlstand zu leben.«

▶ »Ich erkenne, dass Reichtum mehr Möglichkeiten bietet als Armut.«

▶ »Ich glaube, dass mir Geld zusteht.«

▶ »Ich vertraue, dass ich viel mehr Wohlstand erschaffen werde.«

▶ »Ich beschließe, dass ich immer mehr Geld habe, als ich brauche.«

▶ »Ich sehe mich als wohlhabenden **und** spirituellen Menschen.«

▶ »Ich beschließe das Ende meines Zweifelns an Wohlstand.«

▶ »Ich wähle …. EURO in diesem Jahr zu verdienen.«

▶ »Ich wähle ein Leben in Luxese.«

   (Luxese: Luxus und Askese kombiniert = Wenig, aber davon das Beste)

Tauchen noch Zweifel, Skepsis oder Bedenken auf, werden sie mit dem Wunsch oder Beschluss kombiniert:

▶ »Auch wenn da noch Zweifel sind, dass mir das zusteht oder möglich ist, will ich…«

▶ *»Auch wenn da noch etwas Widerstand ist, reicher zu werden, wähle ich...«*

▶ *»Auch wenn da noch eine unbekannte Überzeugung ist, die mich vom Wohlstand abhalten möchte, bin ich bereit...«*

Für den Fall, dass Sie wohlhabend sind oder werden, Ihnen unerwartet viel Geld zuteil wird, könnten Sie befürchten, das Geld, viel Geld, alles Geld zu verlieren. Diese Angst ist weit verbreitet und verhindert das Genießen des Reichseins. Sie könnten auch das Objekt neidvoller, krimineller Menschen werden. Sie müssen Werte verstecken, dürfen sie nicht zeigen, trauen sich nicht mit viel Geld in die Öffentlichkeit?

▶ *»Auch wenn ich befürchte, mein ganzes/viel/alles Geld zu verlieren, liebe und...«*

▶ *»Auch wenn ich befürchtet, ausgeraubt zu werden, liebe und...«*

▶ *»Auch wenn ich befürchte, überfallen zu werden, liebe und...«*

▶ *»Auch wenn ich Angst davor habe, bestohlen zu werden, liebe und...«*

▶ *»Auch wenn ich glaube, Reiche leben gefährlich, und ich mir alle möglichen Situationen vorstelle, liebe und...«*

Wie man wohlhabend wird

Ein Junge, Bernie mit Namen, zog aufs Land und kaufte bei einem alten Bauern einen Esel für 100 $. Der Bauer versprach, den Esel am nächsten Tag vorbeizubringen.
Am nächsten Tag fuhr der Bauer auf den Hof und sagte: »Tut mir leid Junge, ich habe schlechte Nachrichten für dich. Der Esel ist tot. Er liegt hinten im Wagen.«

122 Erfolgsthemen

Bernie antwortete: »Also gut, gib mir mein Geld zurück.«

Der Bauer zuckte mit den Schultern. »Geht nicht. Ich hab' das Geld bereits ausgegeben.«

Darauf Bernie: »O.k., lad' den Esel halt aus.«

Der alte Bauer fragte: »Was machst du denn mit dem?«

Bernie: »Ich werd' ihn in einer Lotterie verlosen.«

Bauer: »Quatsch, man kann doch 'nen toten Esel nich' verlosen.«

Bernie: »Klar kann ich das. Pass gut auf. Ich sag einfach keinem, dass der tot ist.«

Einen Monat später trifft der Alte den Bernie wieder und fragt ihn: »Wie ist das mit dem toten Esel denn so gelaufen?«

Bernie: »Ich hab' ihn verlost. Ich hab' 500 Lose zu 2 $ das Stück verkauft und einen Gewinn von 998 $ gemacht, der nicht in den Büchern steht. Nur der Verlust von 100 $ für 'nen toten Esel steht drin.«

Bauer: »Hat sich denn keiner beschwert?«

Bernie: »Klar, der Typ, der den Esel gewonnen hat. Also hab' ich ihm seine 2 $ zurückgegeben.«

...und als Bernie erwachsen war, wurde er Chef von Warner Brothers, Exxon, Worldcom, AOL, Google. Oder war es ...?

ERFOLG MIT ARBEIT UND UNTERNEHMEN

Nicht viele Menschen haben eine ungespaltene Beziehung zu ihrer Arbeit. Einerseits wollen sie etwas tun, andererseits wollen sie nicht zu viel oder gar nichts tun. Sie möchten etwas schaffen, kreieren, bewegen und dafür einen Lohn erhalten, doch wenn sie es tun, empfinden sie es als Zwang. Das

Erfolg mit Arbeit und Unternehmen 123

nennt man eine negative Projektion – meine Lust am Tun wird zum Zwang, den mir ein anderer auferlegt. Diese weit verbreitete Projektion können wir mit Konfliktsätzen lösen.

▶ *»Auch wenn ich etwas tun will und Widerstand dagegen habe, liebe und...«*
▶ *»Auch wenn ich es als Zwang empfinde zu arbeiten und arbeiten will, liebe und...«*
▶ *»Auch wenn ich arbeiten will und ich Arbeit nicht mag, liebe und...«*
▶ *»Auch wenn ich so viel zu tun habe und nicht so viel tun will, aber es momentan nicht anders geht, liebe und...«*

Erlauben Sie sich mal
▶ *»Ich erlaube mir zu erfahren, dass ich gerne arbeite.«*
▶ *»Ich erlaube mir wahrzunehmen, wie sich meine Einstellung ändert.«*
▶ *»Ich erlaube mir zu spüren, wie ich weniger gestresst bin.«*

Nicht jeder arbeitet das, was er arbeiten möchte. Es wurde eine Arbeit angenommen, die im elterlichen Unternehmen gebraucht wurde, es wurde etwas studiert, was die Eltern wollten, es wurde aus Ratlosigkeit irgendeine Ausbildung gemacht, der Ausbildungsplatzmangel ließ keine andere Wahl. Auf der emotionalen Ebene finden wir hier dauerhaften Ärger, Wut, Zorn, Traurigkeit und auch Resignation. Diese Emotionen können entweder abgeschwächt am Arbeitsplatz oder, um sie loszuwerden, verschoben und dann in der Partnerschaft oder im weiteren sozialen Umfeld entladen werden.

▶ *»Auch wenn ich tue, was ich nie tun wollte, weil ich... gefallen wollte, liebe und...«*

124 Erfolgsthemen

▌ »Auch wenn ich das für meine Eltern mache, aber es nicht das ist, was ich wirklich machen möchte, liebe und...«

▌ »Auch wenn ich diese Ausbildung begonnen habe, weil ich damals keine andere Chance hatte, liebe und...«
(Bemerken Sie: Das Einfügen von »damals« eröffnet möglicherweise eine Chance für »jetzt«.)

▌ »Auch wenn ich so... (Emotion), weil ich etwas tue, was ich nicht wirklich will, liebe und...«

▌ »Auch wenn ich glaube zu alt zu sein, um etwas Neues anzufangen, liebe und...«

▌ »Auch wenn ich so traurig bin über die Situation, liebe und...«

▌ »Auch wenn ich so wütend bin auf mich, weil ich diese Arbeit begonnen habe, liebe und...«

▌ »Auch wenn es mir Angst macht vor dem, was jetzt auf mich zukommt, liebe und...«

Erlauben tut gut

▌ »Ich erlaube mir ab jetzt das zu arbeiten, was mir Freude macht.«

▌ »Ich erlaube mir, die Situation zu ändern.«

▌ »Ich erlaube mir alles Notwendige zu tun, damit sich die Situation ändert.«

▌ »Ich erlaube mir die Freiheit, frei zu sein von meinen Beschränkungen.«

Verzeihen heilt

▌ »Ich verzeihe mir, dass ich mich unterworfen habe.«

▌ »Ich verzeihe mir, dass ich so lange brauchte, mich für mich zu entscheiden.«

▌ »Ich verzeihe allen, die dazu beigetragen haben, dass ich in diese Situation gekommen bin.«

Erfolg mit Arbeit und Unternehmen 125

> Diese EFT-Struktur, bestehend aus Lösungssatz (Thema), Erlauben (Freiheit) und Verzeihen (Heilen), kann für jegliche Themen genommen werden und in meiner Arbeit bin ich damit sehr erfolgreich.

***

Konflikte sind oftmals die Spannung zwischen gegensätzlichen Empfindungen, Bedürfnissen oder Notwendigkeiten. Sie werden als Stress erfahren. Zur Lösung eines Konflikts gibt es eine einfache Regel:
Akzeptiere die Situation, oder gehe weg von der Situation, oder ändere die Situation.
Doch die Umstände können es unmöglich machen, die Situation zu verändern, wegzugehen, umzuziehen, einen Job zu wechseln, einen neuen Beruf anzufangen, sich von Familienstrukturen zu lösen usw.

Wenn Sie nur EFT für *einen* Aspekt (ich will dies, ich muss das) des Konfliktes machen, kommen Sie selten zum Erfolg. Hier empfiehlt es sich, gleichfalls den *anderen* Aspekt (und will auch jenes, muss auch jenes) des Konflikts in *einem* Satz zu verbinden.
Normalerweise würden Sie jeden der Satzteile einzeln klopfen. Wenn Sie jedoch die Satzteile verknüpfen, gehen Sie das Problem in seiner Gänze an – und damit gründlicher und schneller.

▶ *»Auch wenn ich glaube mich nicht mehr beruflich verändern zu können* (ein Aspekt),
aber mich beruflich verändern will/muss (anderer Aspekt),
liebe und...«

126 Erfolgsthemen

▶ »*Auch wenn ich so viel arbeiten muss (ein Aspekt) und mit meiner Familie mehr zusammen sein will (ein anderer Aspekt), liebe und...*«

▶ »*Auch wenn ich diese Ausbildung gemacht habe, aber keinen Arbeitsplatz finde, liebe und...*«

Die Kurzformen dazu:

▶ »*Viel arbeiten, mit Familie sein. Ausbildung gemacht, keinen Arbeitsplatz finden.*«

Nun kann es zu weiteren Konflikten kommen, wie folgender Fall zeigt: Ein Mann hat eine herausfordernde (positive) und erfüllende Arbeit. Aber er mag einen weiteren Aspekt seiner Arbeit nicht:

Johannes kann nicht verkaufen

Johannes arbeitet bei einer Bank als Kundenberater. Seine Arbeit besteht in der telefonischen Beratung von vertraglich gebundenen und potentiellen, noch unentschlossenen Kreditkartenkunden. Ihn rufen Sie an, wenn Sie etwas wissen wollen über Konditionen, Zinssätze, Kreditlimit und was zu tun ist, wenn die Karte verloren wurde. Das Beraten macht ihm Freude, aber das Verkaufen fällt ihm sehr schwer – er hasst es sogar. Sein Einkommen ist auch abhängig von seinen neu abgeschlossenen Kreditkartenverträgen. So ringt er sich dazu durch, Verkaufsgespräche zu machen. Es ist eine Qual. Und so hat er keinen Erfolg mit dem Anbieten und Verkaufen. Er schafft höchstens zwei Abschlüsse am Tag. Muss er diesen Job aufgeben, wird er jemals mit diesem Job mehr verdienen können? Kann ihm EFT helfen?

Erfolg mit Arbeit und Unternehmen 127

Seine Argumente (Überzeugungen) klingen so:
»Ich hasse dieses Verkaufen.«
»Es interessiert niemand, was ich sage.«
»Ich will niemand beschwatzen.«
»Ich möchte darauf hinweisen, aber ich tue es dann nicht.«
»Ich werde abgewiesen, wenn ich danach frage.«
»Ich befürchte, abgewiesen zu werden.«
»Ich würde nicht deswegen angerufen werden wollen.«
»Dieser Teil meiner Arbeit widert mich an.«
»Es ist nicht gerecht, dass mein Einkommen davon abhängt.«
(Er hat auch noch deftigere Ausdrücke. Die Stimmungslage
schwankt dabei zwischen Resignation und Ärger.)

Als ersten Schritt beschäftigen wir uns mit den Stimmungen,
damit die Blockaden leichter zugänglich werden, und klopfen
so lange, bis die Werte auf Null sind.

▶ *»Auch wenn mich das so ärgerlich macht, liebe und...«*
▶ *»Auch wenn ich am liebsten alles hinwerfen möchte, liebe
und...«*
▶ *»Auch wenn ich so ratlos bin, liebe und...«*

Dann folgen Lösungssätze mit den Argumenten – seinen Überzeugungen –, die jede Veränderung blockieren können. Und
zwar mit allen Überzeugungen je ein EFT-Durchgang. Oftmals ist zu beobachten, dass sich die restlichen Überzeugungen nach dem erfolgreichen Klopfen der ersten Überzeugung
immer schneller auflösen.

▶ *»Auch wenn ich befürchte, abgewiesen zu werden, liebe und...«*
▶ *»Auch wenn mich dieser Teil meiner Arbeit anwidert, liebe
und...«*
usw.

128 Erfolgsthemen

Beim Formulieren der Lösungssätze kann übertrieben, überspitzt, provoziert werden:

▶ *»Auch wenn mich dieser Aspekt meiner Arbeit so anwidert, wie mich nichts sonst anwidert, liebe und...«*

Johannes hält es nicht lange durch, das Thema ernst zu nehmen. Ein erstes Lachen zeigt, dass sich etwas löst. Nach mehreren Durchgängen ist er entspannt und lacht nur noch, wenn ich eines seiner Argumente anspreche. Um es zu überprüfen, frage ich, wie viel Abschlüsse er glaubt ab jetzt zu machen. Für Johannes ist das eine grobe Richtung, in der er sich bewegt – eine motivierende Kraft.

▶ *»Ich werde leicht mehr als zehn Abschlüsse machen.«*

Johannes hatte ab dieser Sitzung immer mehr als zehn Abschlüsse pro Tag, ohne sich anzustrengen, und steigerte sein Einkommen.

Susanne hat keine Leseschwäche mehr und findet eine Arbeit

Susanne hat mit 42 Jahren eine Leseschwäche. Irgendwie hat sie es geschafft, damit durchs Leben zu kommen. Doch jetzt braucht sie eine Arbeit und immer scheitert es daran, dass sie nicht flüssig lesen kann und Buchstaben verwechselt, wenn sie schreiben muss.

Wir machen zunächst EFT mit dem Stress, den die Vorstellung auslöst, jetzt lesen und schreiben zu müssen und dabei zu versagen.

▶ *»Auch wenn mein Versagen so schrecklich ist, liebe und...«*

Erfolg mit Arbeit und Unternehmen 129

▶ »*Auch wenn mich das so sehr stresst, richtig zu lesen oder zu schreiben, liebe und…*«
▶ »*Auch wenn ich mich abgelehnt fühle, weil ich nicht richtig lesen und schreiben kann, liebe und…*«

Nachdem diese Zustände auf Null geklopft sind, kann das Erlauben folgen.

▶ »*Ich erlaube mir, ohne Stress zu lesen und zu schreiben.*«
▶ »*Ich kann mühelos lesen und schreiben.*«

Nach dreimaligem Wiederholen der Sätze und Klopfen auf dem Karatepunkt wird sie gefragt, ob sie jetzt einmal etwas lesen möchte. Noch etwas nervös liest sie einige Sätze in einer Zeitung und kann diese auch inhaltlich wiedergeben. Dann schreibt sie einige Worte ohne Verwechslung von Buchstaben. Die Blockaden waren auch nach einigen Wochen nicht mehr aufgetreten und sie fand eine Beschäftigung in einem Büro.

Wohin will ich?

Der folgende Fall lässt sich auf alle Fälle von Entscheidungskonflikten und Ratlosigkeit übertragen. Kurz vor dem Abschluss des Studiums befindet sich ein Mann in einer unlösbaren Situation. Die Situation ist nicht aussichtslos, sondern es gibt für ihn zu viele mögliche Ziele oder Möglichkeiten, sodass er verwirrt und unsicher ist, für was er sich nach dem Studium entscheiden soll, wohin er gehen soll, ob er eine Familie gründen will. Er weiß nicht, wie er sein zukünftiges Leben ausrichten soll. Überhaupt erscheint ihm alles wie eine

130 Erfolgsthemen

undurchdringliche Wand. Er schiebt die Entscheidung schon lange vor sich her. (Hier könnte es sich um das Symptom »Aufschieberitis« oder »Procrastination« handeln. Mit dem beschäftige ich mich später.) Seine Unsicherheit beruht, wie bei vielen ähnlichen Fällen, auf Blockaden durch sabotierende Überzeugungen.

Um diese Situation zu klären, soll er zunächst alle Ziele oder Möglichkeiten aufschreiben. Dabei unterstütze ich ihn, auch über die Ziele hinauszugehen. Er soll nicht genügsam, sparsam, zurückhaltend, bescheiden sein. Alle Einwände wie »Da mache ich mich doch lächerlich« werde ich gleich mit EFT klopfen, bis sich das unangenehme Gefühl dazu legt. Damit ist die Basis für das weitere EFT geschaffen.

Nun nehmen wir Zielepaare und klopfen einen Entscheidungssatz:

▶ »*Auch wenn ich als ... in die Wirtschaft oder Industrie gehen könnte und auch wenn ich als ... zu einem Forschungsinstitut der Universität gehen könnte und mich nicht entscheiden kann, liebe und ...*«

Dann klopfe ich abwechselnd auf allen Punkten die Kurzformen »*Wirtschaft*«, »*Industrie*« und »*Universität*«.

Danach stelle ich die Frage:

»*Wenn du eine begeisternde Arbeit in der Wirtschaft oder Industrie annehmen würdest und wenn du eine begeisternde Arbeit in der Forschung annehmen würdest oder wenn es eine begeisternde Arbeit in der Forschung gäbe und wenn es eine begeisternde Arbeit in der Wirtschaft gäbe, für was würdest du dich entscheiden?*«

Er entscheidet sich für eine Möglichkeit. (Sie haben diese Fragestellung bereits bei *Werte* auf Seite 74 kennen gelernt.) So arbeiten wir alle Paare durch, bis das Erfreulichste gefunden ist.

Um diese Arbeit zu vervollständigen ist es erforderlich, den ausdrücklichen Willen, die Verpflichtung auszusprechen. Also wird das Ziel oder die Möglichkeit mit dem Satz »*Ich werde/will/entscheide mich für...*« dreimal wiederholend auf dem Karatepunkt geklopft. Bei diesem Schritt können alle sabotierenden, lähmenden Zweifel und Bedenken auftauchen, die dann natürlich sofort mit EFT geklopft werden.

▶ »*Auch wenn ich mir nicht zutraue, eine führende Position zu bekommen, liebe und...*«

▶ »*Auch wenn mir das unerreichbar erscheint, in einem Forschungsinstitut begeistert zu arbeiten und viel Geld zu verdienen, liebe und...*«

Diese Sätze können auch mit der Version »*Ich bin/arbeite/habe...*« gebildet werden.

Der Chemiestudent schloss sein Studium sehr erfolgreich ab. Er arbeitet heute als erfolgreicher beratender Fachverkäufer für chemische Analyseapparate in der Wirtschaft, besucht Kunden in allen europäischen Ländern und hat eine erfüllende Partnerschaft.

Geschäftliche Expansion

Ein Beispiel einer gelungen Wendung zum Besseren mit einer Variante von EFT, die ich dabei vorstelle, ist das Thema eines erfolgreichen Unternehmers. Aus seinem Unternehmen scheidet eine wichtige Person aus. Es ist seine Ehefrau, die ihr erstes Kind erwartet. Sie ist das »Herz« und die »Visionärin« des Unternehmens. Das Thema des Unternehmers ist der Druck, den er nun erlebt durch die neue Situation. Er wird der Alleinentscheidende sein. Er weiß nicht, ob er die Situation meistern wird. Er äußert Bedenken über die Zukunft, insbesondere die finanzielle Situation, seine Alleinversorgerrolle. Alle diese Themen werden geklopft, bis eine Erleichterung eintritt.

In der nächsten Sitzung definiert der Klient alle seine Wünsche und Ziele für die Zukunft – sowohl für das Unternehmerische als auch das Private. Mein Bemühen ist es dabei, den Menschen durch dauerhaftes Klopfen dazu zu bringen, die Komfortzone zu verlassen und grenzüberschreitende Visionen zu äußern.

Anschließend kann er alle negativen Überzeugungen, Zweifel, Bedenken, Verbote, mit denen er sich identifiziert hat, äußern. Das ist der wichtige Schritt: *Benennen, bekennen, aussprechen.* Es erscheinen die limitierenden Sätze wie:
»Ich bin nicht gut genug. Ich bin nicht so stark. Ich bin nicht clever genug für… Ich kann das nicht allein schaffen. Ich fühle mich überwältigt von der Aufgabe.«

EFT wird mit allen diesen Themen geklopft in ihrer Kurzform. Siehe da, die Überzeugungen haben anschließend nicht mehr den gleichen Wahrheitsgehalt. *»Nein, davon bin ich jetzt nicht mehr so überzeugt.«*

(Manchmal sind die negativen Aussagen aber auch richtig. Wenn die Kompetenz oder Fähigkeiten nicht da sind, sind sie nicht da. Ich kann aus einem schlechten Rechner kein Mathematikgenie machen oder aus einem Übergewichtigen einen erfolgreichen Marathonläufer. Wenn ich hier EFT mache, dann um den Schmerz, die Frustration aufzulösen und mit der Tatsache Frieden zu schließen.)

Meine Aufforderung ist, das Gegenteil von allen diesen Sätzen zu finden und sie auszusprechen. Das ist nicht schwierig, doch schwierig erscheint es, sie anzunehmen. Jetzt werden die positiven Überzeugungen, die Gegenteile geklopft. D. h., wir aktivieren damit eine andere, vorhandene Wahrheit, denn jeder hat auch starke Momente. *»Ich bin stark. Ich kann das allein schaffen. Ich werde durch die Situation wachsen.«*

Jetzt bietet sich diese EFT-Variante an:

> Beide Überzeugungen oder Sätze werden abwechselnd auf den Punkten geklopft und der letzte Punkt (Karatepunkt) wird mit der positiven Aussage geklopft. Sollten Sie sich beim Anwenden dieser Variante verklopfen, sodass Sie mit der negativen Aussage enden würden, wiederholen Sie einen Punkt mit der negativen Aussage, um auf dem Karatepunkt mit der positiven Aussage zu enden.

Die Variante bewirkt, dass beide Wahrheiten – ob wahr oder nicht – die negativen Emotionen einer Wahrheit auflösen. Dieser Mann »fühlt«, so wie viele andere Menschen, die positive Aussage als richtiger oder wirklicher. Für einen solchen Wandel können schon einige EFT-Durchgänge nötig sein.

134 Erfolgsthemen

Doch welche Erleichterung und positive Veränderung innerhalb einer halben Stunde bis einer Stunde! Welche Folgen für den Menschen, seine Familie, das Unternehmen!

Wenn die negativen Aussagen endgültig eliminiert werden sollen, richten wir die Aufmerksamkeit auf die erinnerbaren Situationen mit emotionalen Inhalten, die diese negativen Überzeugungen geprägt haben. Wann geschah was, wer war dabei, wie fühlte es sich an, wenn Sie jetzt daran denken? Zum Unterstützen des Erinnerns hilft es, irgendwelche Punkte dauernd zu klopfen und weiter und weiter zu fragen und den anderen oder sich selbst erzählen zu lassen.

Sind die Situationen wieder präsent und auch die wichtigen, empfundenen Emotionen dazu, können weitere EFT-Durchgänge mit diesen nun endgültig den negativen Überzeugungen den Boden entziehen. EFT funktioniert hier wie das Entfernen von Steinen aus dem Fundament, auf den das Haus aus Konzepten, Überzeugungen, Glaubenssätzen, Haltungen gebaut ist.

Selbstständigkeit oder mit EFT Geld verdienen

Nachdem Teilnehmer die EFT-Kurse gemacht haben, erwägen einige, EFT zu geben als psychologische Berater, Coaches, Therapeuten. Sie möchten Einzelsitzungen und Kurse geben, sie möchten erfolgreich sein und Geld verdienen. Sie mögen jahrzehntelange Erfahrungen auf psychologischem oder therapeutischem Gebiet haben. Sie mögen einfach talentiert sein, mit Menschen zu arbeiten. Sie mögen es noch so sehr wollen. Es klappt nicht.

Genauso kann es der Frau gehen, die sich als Kosmetikerin ein Geschäft aufbauen will, um selbstständig zu arbeiten. Und so kann es allen denen gehen, die den Schritt zu »Ich mache mich selbstständig. Ich erschaffe mir mein eigenes Unternehmen«, planen oder versuchen.

Das soziale Umfeld – Eltern, Freunde, Lehrer, Autoritäten, Medien – teilt uns mit, was wir sollen, was wir nicht sollen, wie wir es machen sollen und wann wir was machen sollen. Da kommt ein Kunde und beklagt sich, dass er gestresst ist, weil er nicht regelmäßig seinen Geschäftsplan macht, weil – so stellt sich heraus – irgendeine Kapazität für betriebswirtschaftliche Planung darauf besteht, dass das außerordentlich wichtig für eine erfolgreiche Unternehmensführung ist. Das Resultat des EFT mit allen Einwänden und Befürchtungen war, dass der Kunde ein sehr gutes Gespür dafür hat, was und wann investiert, wo und wann eingespart werden muss, wo seine Grenzen und Möglichkeiten sind und er keinen Plan braucht. So weit zum »was wir sollen« oder »was wir nicht sollen«.

Ich empfehle EFT, *bevor* Geld und Zeit investiert werden für eine Praxis oder ähnliches, für alle aufkommenden Gedanken oder zweifelndes Unbehagen zu machen, die mit dem Thema verbunden sind. Ich höre oftmals:
»In meiner Stadt gibt es keine Nachfrage.«
»Niemand nimmt Notiz von mir.«
»Ich habe noch nicht genügend Ausbildungen.«
»Andere werden mich auslachen.«
»EFT ist zu andersartig.«
»Andere Therapeuten werden mich meiden.«

136 Erfolgsthemen

»*Was meine Familie dazu sagt.*«
»*Ich könnte abgewiesen werden.*«
»*Ich habe noch nie mein Geld mit dem verdient, was ich gerne mache.*«
»*Die Kunden werden nur eine Sitzung machen.*«
»*Vielleicht strahle ich es nicht aus.*«
»*Kunden werden nicht geheilt.*«
»*Kunden werden sich nicht dauerhaft besser fühlen.*«
»*Ich fürchte mich immer noch vor Urteilen von anderen.*«
»*Ich darf dafür doch nicht Geld nehmen.*«
»*Ich möchte nicht im Mittelpunkt stehen.* »
»*Man wird mich nicht wahrnehmen.*«

> Was tun? Für alle Sätze die positiven Umkehrungen bilden und damit EFT machen. Oder die positiven Kurzformen abwechselnd auf den verschiedenen Punkten wiederholen.

ERFOLG MIT ABNEHMEN UND ANDEREN KÖRPERTHEMEN

Übergewicht oder abgelehnte Körperteile, die als unschön, hässlich, scheußlich eingeschätzt werden sind ein weites Feld, bei dem Sie EFT einsetzen können. Sie können beispielsweise durch die Technik »EFT für Stagnation« (Seite197) den Stoffwechsel beschleunigen, was die Fettverbrennung steigert, aber wenn Sie abgenommen haben, könnten Sie immer noch mit einem anderen Körperteil hadern. Möglicherweise sind jetzt die Beine zu dünn oder der Busen zu flach oder...

Von den Medien, der Werbung sind mittlerweile die meisten Kulturen dahin indoktriniert, dass es ein bestimmtes Erscheinungsbild des Menschen, insbesondere der Frau, gibt, das Schönheit, Attraktivität, Erotik repräsentiert. Das Unbehagen mit dem eigenen Erscheinungsbild kann eine Bandbreite von »sich einfach mit dem Körper nicht ganz wohl fühlen« über »sich als völlig unattraktiv fühlen, wenn Körperteile nicht den Idealen entsprechen«, bis hin zu »meine Überlebenschancen sinken mit jedem zusätzlichen Kilo« ausfüllen.

Wenn Sie das Thema gründlich angehen und erfolgreich sein möchten, gilt es das Selbstbild und den Selbstwert zu untersuchen. *Das* ist der Punkt. Der körperliche Makel ist ein Ausdruck eines tiefer liegenden Makels – ein Defizit im Selbstbild.

Es können Gedanken da sein wie »Hätte ich strahlend weiße Zähne, wäre ich ein wertvollerer Mensch.« Aber wäre dem dann wirklich so? »Hätte ich einen schöneren Hintern, würde ich mehr bewundert.«

Fragen wir zuerst nach:
»Wer würde sich Ihnen zuwenden, freundlicher sein, zugeneigt sein, wenn Sie bessere, schönere, schlankere, längere, weißere... hätten?
»Wer würde Ihnen mehr Aufmerksamkeit schenken, wenn Sie bessere, schönere, schlankere, längere, weißere... hätten?
»Wer würde mit Ihnen flirten, wenn Sie bessere, schönere, schlankere, längere, weißere... hätten?
»Wer würde sich in Sie verlieben, wenn Sie bessere, schönere, schlankere, längere, weißere... hätten?«

138 Erfolgsthemen

»Wer würde Sie als sexuell attraktiver wahrnehmen, wenn Sie bessere, schönere, schlankere, längere, weißere... hätten?«

Und dann schließen diese Fragen an:
»Warum sollte sich Ihnen jemand zuwenden, freundlicher zu Ihnen sein, Ihnen zugeneigt sein, Ihnen mehr oder überhaupt Aufmerksamkeit schenken?«
»Warum sollte sich jemand in Sie verlieben, Sie jemand sexuell attraktiver finden.«
»Warum brauchen Sie das?«
»Wer würde nicht mehr bei Ihnen sein, wenn Sie... bessere, schönere, schlankere, längere, weißere... hätten?
»Was wären Sie nicht mehr, wenn Sie bessere, schönere, schlankere, längere, weißere... hätten?
»Wenn Sie bessere, schönere, schlankere, längere, weißere... hätten, wären Sie besser oder attraktiver als wer?«

Diese Fragen können die Aufmerksamkeit auf die wirklichen Mängel leiten, die sich im Selbstbild befinden. Es sind gute Sätze für den Start, um auf den Grund des Themas zu kommen:
»Auch wenn ich glaube, andere denken immer/häufig/dauernd/viel... wenn Sie mich ansehen, liebe und...«
»Auch wenn ich glaube, ich sei hässlich, unattraktiv, abstoßend..., liebe und...«
»Auch wenn ich glaube, meine... sind anderen Menschen wichtiger als deren..., liebe und...«
»Auch wenn ich mich schon so lange emotional mit meinen... beschäftige, aber noch keine Lösung gefunden ist, liebe und...«
»Auch wenn alles nichts brachte, was ich schon wegen ... unternommen habe, liebe und...«

Erfolg mit Abnehmen und anderen Körperthemen 139

»Auch wenn ich glaube, dass meine... ein großes Problem sind, liebe und...«

»Auch wenn ich mich auflösen möchte, wenn jemand meine... sieht, liebe und...«

»Auch wenn schon mein Vater sagte, dass meine... sind, liebe und...«

»Auch wenn meine Mutter genau solche... hatte, liebe und...«

»Auch wenn ich wie mein Vater/meine Mutter aussehe, liebe und...«

Die daraus resultierenden Einfälle können mit EFT weiter beklopft werden. Es können interessante Hinweise auf darunterliegende Aspekte auftauchen.

Bei einer Frau löste sich die Wichtigkeit ihres Problems auf, nachdem wir den Aspekt *»Auch wenn ich wie meine Mutter aussehe, liebe und...«* klopften. Dabei offenbarten sich einige weitere Aspekte wie frühe Ablehnung durch die Mutter, häufige Kritik durch die Mutter, Ablehnung ihrer Freunde etc.

Sind alle (!) Aspekte behandelt, hat das Thema entweder keine Bedeutung mehr oder Sie können erst jetzt EFT für beispielsweise ein verändertes Verhalten wie *»Abnehmen durch andere Ernährung und Einhalten des Fitnessprogramms«* nehmen.

Einigen Menschen stelle ich die Frage, ob sie Partner haben, und wenn ja, ob sie sich bei diesen bedankt haben, dass sie mit ihnen sind. *»Wieso danken?«* – *»Nun, wer solche Deformationen jeden Tag sieht und trotzdem bei Ihnen bleibt, der muss Sie sehr lieben.«* Mit dem provokativen Stil kann EFT gründlich beschleunigt werden. Allerdings muss man Provokation beherrschen. – es darf nicht verletzen oder demütigen!!

Martha hat Rückenschmerzen und Übergewicht

Sie kam zur Behandlung wegen starken Rückenschmerzen und aufgrund ihres Übergewichts. Ihr wurde EFT empfohlen. Sie war etwas unsicher und erwartete nichts Gutes. Nachdem wir die Unsicherheit und negative Erwartung erst einmal mit EFT aufgelöst hatten, was sie überraschte, war sie bereit, sich dem eigentlichen Thema zu stellen. Denn wenn das möglich war, was könnte noch möglich sein?

Ihr übermäßiges Essen hatte drei Gründe, wie wir durch solche Sätze herausfanden:

- ▶ *»Auch wenn ich nicht weiß, warum ich so viel esse, liebe und...«*
- ▶ *»Auch wenn damit etwas anderes satt werden will, liebe und...«*
- ▶ *»Auch wenn ich es nicht weiß, warum ich so viel esse, bin ich bereit, der Sache jetzt auf den Grund zu gehen, und liebe und...«*
- ▶ *»Ich erlaube mir, ehrlich mit mir zu sein.«*
- ▶ *»Ich wähle, die Wahrheit über die Sache zu sagen.«*

Die drei Gründe waren:
Sie füllte damit ihre emotionale Leere, sie hatte wenig Zuwendung von den Eltern erhalten. Sie beruhigte sich mit Essen, wenn körperliche Schmerzen zu stark wurden. Sie hungerte nach körperlicher und emotionaler Nähe ihres Ehemannes.

Martha war schon immer etwas übergewichtig und hatte ein jahrzehntelanges Verhaltensmuster gebildet. Sie konnte sich durch übermäßiges Essen bei Ärger, Wut und jeglichem innerem Aufruhr beruhigen. Sie spürte nicht mehr die emotionalen Verletzungen und konnte ihr schlechtes Gewissen beruhigen. Ihr Ärger über ihre immer noch kritisierende und kalte Mutter war deutlich. Sie fühlte sich immer noch nicht angenommen, verstanden, geliebt. Ihr Ehemann spielte das gleiche Spiel wie die Mutter.

Danach folgte die Untersuchung der Nachteile, wenn Martha ihre Fressattacken sein ließe und ihr Gewicht deutlich weniger würde, wenn sie schlank werden würde. Solche Untersuchungen klappen gut, wenn ein Punkt oder mehrere Punkte abwechselnd dauernd geklopft werden, während die Aufmerksamkeit auf die Frage gerichtet bleibt.

Martha befürchtete, dass sie sich nie befriedigt fühlen würde und immer voller Ärger wäre – und was würde mit dem Aufruhr in ihr geschehen? Sie gestand, durch das Übergewicht immer einen gewissen Schutz vor den emotionalen Schmerzen und den Zurückweisungen und der Hoffnungslosigkeit ihrer Situation zu haben.

Die Lösungssätze für Martha waren:

- *»Auch wenn mich meine Mutter nicht mag, liebe und...«*
- *»Auch wenn mich meine Mutter immer noch kritisiert, liebe und...«*
- *»Auch wenn ich viel esse, um mich nicht einsam zu fühlen, liebe und...«*
- *»Auch wenn es mich schaudert, zuzugeben, dass ich fett bin, liebe und...«*
- *»Auch wenn mich meine Mutter nie verstanden und akzeptiert hat, akzeptiere ich sie, wie sie ist, weil sie nicht anders kann oder noch nicht anders kann..«*

142 Erfolgsthemen

Diese Sätze wurden während mehrerer Sitzungen wiederholt genommen. Die starken Knie- und Rückenschmerzen wurden mit den üblichen Lösungssätzen geklopft. Die Schmerzen wurden signifikant weniger. Martha machte EFT nun regelmäßig mit sich selbst zwischen den Sitzungen. Nun stand noch das Thema »Partnerschaft« an.

▶ *»Auch wenn ich nicht erfüllt bin durch meine Partnerschaft, liebe und...«*

▶ *»Auch wenn ich mich so ärgere über meinen Partner, weil er mir nicht zuhört, beschließe ich ab jetzt, mir selbst zuzuhören.«*

▶ *»Auch wenn ich hungere nach Liebe und Zuneigung, möchte ich mich mit mir selbst wohl fühlen.«*

▶ *»Auch wenn es schmerzt, zurückgewiesen zu werden, liebe und...«*

▶ *»Auch wenn ich so viele Bedürfnisse habe, die nicht erfüllt werden, stehe ich zu ihnen.«*

▶ *»Ich verzeihe meinem Partner, dass er so ist, wie er ist, weil er es jetzt nicht anders kann.«*

Martha verlor durch die Sitzungen immer mehr Interesse am Essen. Sie aß ausgewogene Mengen. Es war nicht mehr ihr zentrales Thema. Es war sogar spannend für sie geworden, wie sich ihre Essgewohnheiten änderten. Anstatt beruhigender Süßigkeiten zwischen den Mahlzeiten machte sie EFT, wenn sich die Gier meldete. Sie hatte auch akzeptiert, dass sich weder ihre Mutter noch ihr Partner änderten. Ihr war klar geworden, dass sie sich ändern will und muss. Wie sich die Situation weiter entwickelte, war offen – jedenfalls hatte sie 20 Kilo abgenommen.

***

Das Abnehmen kann aber auch leichter sein. Gary Craig berichtete in einer Veröffentlichung, dass er sich ein bestimmtes Gewicht vorgenommen hatte. Er wollte genau dieses Gewicht haben. Er hatte keine Zweifel, keine Bedenken, keinen Zwiespalt. Hätte er sie gehabt, wären es genau diese unentdeckten Selbstsabotagen, die den Prozess erfolglos machen würden. Dazu kommen dann gelegentlich noch Bedenken bei Frauen, wie Männer sich ihnen gegenüber verhalten würden, wenn sie schlank und damit attraktiv wären. Oftmals stehen sexuelle Übergriffe in der Vergangenheit als Blockaden gegen das Abnehmen. Diese Aspekte können und müssen alle mit EFT neutralisiert werden. Gary Craig jedenfalls fand zu seinem Wunschgewicht ohne Hungerkuren, Ernährungspläne und Bewegungsprogramme. Seine Essensgewohnheiten änderten sich langsam und stetig, vielleicht bewegte er sich auch etwas mehr. Es war der ausdrückliche Wille, der es möglich machte.

Hier folgen einige Lösungssätze für jegliche Abhängigkeiten und Gewichtsprobleme und eine Abfolge für das EFT in mehreren Schritten:

Bekennen

- »*Auch wenn ich abhängig von ... bin, liebe und ...*«
- »*Auch wenn ich besessen bin von ..., liebe und ...*«
- »*Auch wenn ich jeden Abend Süßes brauche, liebe und ...*«
- »*Auch wenn ich mich vollfresse, betrinke, liebe und ...*«
- »*Auch wenn ich tagsüber schon Alkohol brauche, liebe und ...*«
- »*Auch wenn ich ohne Zigaretten nicht leben kann, liebe und ...*«
- »*Auch wenn Essen mein wichtigstes Thema ist, liebe und ...*«

144 Erfolgsthemen

Der entsprechende Satz ist mehrfach täglich zu klopfen, auf jeden Fall nach dem Aufstehen am Morgen und vor dem Schlafen am Abend – nicht nur während einer Sitzung. In vielen Fällen kann mit dem Klopfen des Karatepunkts und dem Wiederholen der Kurzform des Satzes eine unerträgliche Gier sofort gestoppt werden.

Auslöser

Denken wir an die Auslöser für die Abhängigkeit. Es gibt spezifische Situationen, Orte, Zeiten dafür. Es gibt olfaktorische oder visuelle Auslöser. Sie erinnern daran, etwas zu wollen, zu brauchen, jetzt sofort und viel davon.

▶ *»Auch wenn ich ein Verlangen nach Essen bekomme, wenn ich irgendwelches (oder spezielles) Essen rieche, liebe und…«*

▶ *»Auch wenn mich das Verlangen nach… überkommt, wenn ich… höre, liebe und…«*

▶ *»Auch wenn ich diese Lust auf… spüre, wenn ich es sehe, liebe und…«*

(Holen Sie sich Anregung aus TV-Werbung, Printmedien, Plakaten – dampfende Big Macs, zischendes Coke, schlanke Menschen mit Cocktails an der Strandbar, die Form der Cola-Flasche, der herabgleitende Tropfen auf dem Bierglas, der entspannte Blick nach dem ersten Schluck.)

Verhalten

Danach ist es gut, sich den unterschwelligen Emotionen, meist Ängsten, zuzuwenden, die das Verhalten steuern.

▶ *»Auch wenn ich esse, wenn ich allein bin, liebe und…«*

▶ *»Auch wenn ich trinke, wenn ich mich ärgere, liebe und…«*

▶ *»Auch wenn ich rauche, wenn ich nichts zu tun habe, liebe und…«*

Erfolg mit Abnehmen und anderen Körperthemen 145

- *»Auch wenn ich lieber esse, als es zu fühlen, liebe und...«*
- *»Auch wenn ich mich vollfresse, wenn ich mich frustriert fühle, liebe und...«*
- *»Auch wenn ich mich regelmäßig betrinke, weil ich nicht an... denken will, liebe und...«*
- *»Auch wenn ich mich vollstopfe, damit ich mich entspannt fühle, liebe und...«*

Das Suchen des richtigen Satzes kann hier manchmal wie das Spiel »Schiffe versenken« sein. Wenn Sie den richtigen Satz gefunden haben – also den Volltreffer –, dann ist es deutlich sichtbar am Gesichtsausdruck und der Körperhaltung.

Selbsthass, Schuld, Scham

Eine weitere Hilfe für das Stoppen eines Verhaltens ist das Aufdecken und Behandeln von Selbsthass, Scham, Schuld. Dazu wird EFT mit folgenden oder ähnlichen Sätzen gemacht:

- *»Auch wenn ich mich hasse für..., liebe und...«*
- *»Auch wenn ich mich schuldig fühle, weil ich..., liebe und...«*
- *»Auch wenn ich mich für mein Übergewicht hasse, verurteile, schäme, liebe und...«*

Um diese Aspekte zu neutralisieren, können jegliche *Verzeihenssätze* gebildet werden. Mit dem Verzeihen wird verhindert, dass das Verhalten noch gesteigert wird, um den Gefühlen, die jetzt angesprochen werden, zu entgehen. Also noch mehr essen, mehr trinken, mehr... Ohne diesen Schritt wird der ganze Prozess nicht erfolgreich sein. Klopfen Sie dabei den Karatepunkt.

146 Erfolgsthemen

▶ *»Ich verzeihe mir meine Völlerei.«*
▶ *»Ich verzeihe mir mein Trinken.«*
▶ *»Ich verzeihe mir das Reinstopfen, wenn ich keinen Hunger habe.«*
▶ *»Ich verzeihe mir das Vollstopfen, wenn ich ärgerlich bin.«*

Nehmen Sie auch andere Personen mit in den Prozess rein, die mit dem Verhalten zu tun haben.

▶ *»Ich verzeihe meinem Partner, dass er mich nicht davon abhält, mich vollzustopfen.«*
▶ *»Ich verzeihe meinen Freunden, dass sich mich motivieren zu trinken, zu ....«*
▶ *»Ich verzeihe allen, die daran beteiligt waren, dass ich so wurde.«*
▶ *»Ich verzeihe meiner Mutter, dass sie mir keine Grenzen gesetzt hat.«*

Weitere Abklärungen
Hilfreich ist, die Situationen abzufragen, die den Selbstwert oder die Selbstachtung beschädigten. Außerdem müssen Ess- und Trinkgewohnheiten in der Familie thematisiert werden, wie und wie viel gegessen wurde, welche Atmosphäre dabei herrschte, ob Drohungen oder Lob mit dem Verhalten verbunden waren. Ob die Eltern genau dasselbe Verhalten hatten, ob ältere Geschwister schneller und mehr aßen etc.

▶ *»Auch wenn ich durch Essen die Liebe meiner Mutter aufnahm, liebe und...*
▶ *»Auch wenn Essen immer ein Kampf war, liebe und...«*
▶ *»Auch wenn ich nur mit Angst gegessen habe, liebe und...«*
▶ *»Auch wenn ich mich durch Essen wohler fühlte, liebe und...«.*

- »*Auch wenn ich nur aufstehen durfte, wenn der Teller leer war, liebe und...*«
- »*Auch wenn ich mit Schokolade belohnt wurde für gute Noten, liebe und...*«
- »*Auch wenn ich durch meine Lieblingsspeise belohnt wurde und deshalb immer perfekt sein wollte, liebe und...*«

Selbsteinschätzung

Fragen Sie nach den kritischsten, schlimmsten, bösesten Urteilen über den Körper, über das Verhalten und machen Sie so lange EFT damit, bis diese Aspekte keinen Stress mehr bereiten. Beispielsweise bis der Körper so akzeptiert wird, wie er *gerade* ist.

Zukunftsperspektiven

Nun werfen wir einen Blick in die Zukunft und testen die Reaktionen auf solche Fragen (behandeln Sie mit EFT alle Reaktionen):

»*Wie fühlen Sie sich, wenn Sie sich vorstellen, keine Süßigkeiten mehr essen zu können?*«
Mögliche Antworten: »*Ich fürchte mich davor. Ich würde wohl sehr unruhig. Ich könnte das nicht aushalten. Das wäre schrecklich. Kann ich mir nicht vorstellen.*«

»*Wie fühlen Sie sich, was geschieht jetzt, wenn Sie sich jetzt so schlank (so...) sehen, wie sie sein wollen?*«
Mögliche Antworten: »*Das kann nicht sein. Das steht mir nicht zu. Ich fühle mich nicht sicher. Das macht mich ängstlich. Ich fühle mich ungeschützt. Ich befürchte, alle schauen mich an. Man wird über mich reden. Die Kerle starren mich an.*«

»Wie fühlen Sie sich, wenn Sie an die Gefühle denken, die wir zuvor entdeckt haben und die zu dem Verhalten führten?«
Mögliche Antworten: *»Da will ich nicht ran. Lieber leide ich als das zu fühlen. Das macht mir Angst. Da käme der ganze Ärger hoch. Da würde ich wieder traurig. Gut, dass meine Mutter nicht hier ist, ich würde...«.*

Bedenken

Nun Bedenken abfragen und Zweifel auflösen, die das Ziel gefährden. Da sind die Aspekte Sicherheit, Sabotage oder fehlende Unterstützung durch Partner, Trennung von anderen, mangelndes Durchhaltevermögen.

Ziel

Das Ziel – möglicherweise ein genaues Gewicht oder ein anderer Zustand – muss laut ausgesprochen werden. Wenn nun noch Emotionen oder Argumente auftauchen, bitte weiter damit klopfen.

- *»Auch wenn ich nicht glaube, jemals 70 Kilo zu wiegen, liebe und...«*
- *»Auch wenn ich niemals abnehmen werde, liebe und...«*
- *»Auch wenn ich mich jetzt blockiert fühle, es auszusprechen, liebe und...«*
- *»Auch wenn ich vermute, nicht die Kraft zu haben, weniger und weniger zu essen, liebe und...«*
- *»Auch wenn mein Stoffwechsel zu träge ist, liebe und...«*
- *»Auch wenn ich Diabetes habe und alle Autoritäten mir sagen, dass dies die Folge ist, liebe und...«*
- *»Auch wenn ich nicht daran glaube, liebe und...«*

> Wenn EFT auf diese Weise konsequent angewendet wird – also im Zusammenspiel von EFT-Gebendem und -Nehmendem – und diese Schritte vollzogen werden, bis das Ziel als motivierend und begeisternd empfunden wird, besteht eine sehr hohe Wahrscheinlichkeit eines Erfolges. Wie bei anderen Langzeitprozessen gilt besonders hier: Bleiben Sie dran, klopfen Sie weiter, regelmäßig!

Bulimie

Einer bulimischen Frau konnte damit geholfen werden, dass sie durch die EFT-Sitzungen auf den verborgenen Aspekt *»Ich bin nichts wert. Man interessiert sich nicht für mich.«* aufmerksam wurde, der sie blockierte, Lebensfreude zu erfahren, und der das Leben kompliziert machte. Sie stopfte sich meistens zu Hause voll, es überkam sie auch beim Essen mit Freunden und selten, aber trotzdem, bei Arbeitsessen. Das musste sie verstecken und so hatte sie schon einige Strategien des Versteckens perfektioniert.

Zum Thema wurde erst der Selbsthass, die Scham und die Schuld geklopft.
Es wurde eine spezifische Situation bei einem Kindergeburtstag aufgespürt. Sie erhielt dort keine Aufmerksamkeit, fühlte sich scheußlich, verletzt, hätte am liebsten weglaufen wollen. Sie sonderte sich von den anderen Kindern ab und stopfte sich mit Kuchen voll, um die anderen zu bestrafen, und das scheußliche Gefühl ging dann auch weg. Ihr wurde übel und ihre Mutter ermunterte sie, sich auf der Toilette zu übergeben.

150 Erfolgsthemen

Nachdem alle Aspekte mit EFT behandelt und alle Werte auf Null waren, wurde noch das Verzeihen und Erlauben geklopft und ein Ziel definiert. Das Verhalten änderte sich komplett, sie konnte »normal« essen, ihre Haut regenerierte sich, die Zähne wurden behandelt und strahlten wieder. Ihre Partnerschaft wurde harmonischer, da der Partner sie attraktiver empfand, und das Speisen mit Freunden und Arbeitsessen waren angstfrei.

Bewegungsblockade

Anna wusste, dass sie sich mehr bewegen müsste. Ach ja, dieses »müsste«. Ihre Gelenke brauchten es, ihre Muskeln brauchten es, sie brauchte es, um ihre Hände auch in Zukunft gut bewegen zu können. Die Spätfolgen einer Borelliose (Lyme-Disease) machten es wirklich nötig. Da waren die Gelenkschmerzen und die schwachen Muskeln in den Armen und Händen. Besonders das Heben kleiner Gewichte würde guttun. Nach einer Empfehlung probiert sie irgendwann endlich einmal die Methode aus und formuliert für sich diese Sätze:

- ❱ *»Auch wenn ich keine körperlichen Sachen üben will, liebe und...«*
- ❱ *»Auch wenn ich Gymnastik und so etwas langweilig finde, liebe und...«*
- ❱ *»Auch wenn ich nicht das Haus verlassen will, um zu laufen, liebe und...«*
- ❱ *»Auch wenn ich lieber länger schlafe, als aufzustehen und Frühsport zu machen, liebe und...«*
- ❱ *»Auch wenn ich mein Fitnessprogramm nicht durchhalte, liebe und...«*

Erfolg mit Abnehmen und anderen Körperthemen 151

- ▶ *»Auch wenn ich nichts machen will, liebe und...«*
- ▶ *»Auch wenn ich Hanteln heben blöd finde, liebe und...«*
- ▶ *»Auch wenn ich es hasse, mit Hanteln rumzuhantieren, liebe und...«*

Sieben Monate später macht Anna ihre Übungen wie Laufen und Hantelheben jeden Tag, außer am Wochenende. Sie hat ihr Repertoire um ein Trampolin erweitert. Wenn die Anziehungskräfte des Bettes am Morgen zu stark sind, macht sie im Liegen EFT und dann kann sie aufstehen, um sich zu bewegen. Ihre Gliederschmerzen sind verschwunden, ihre Hände können kräftig zupacken.

Künstliche Befruchtung

Eine Frau, Ende dreißig, wurde nicht schwanger und wollte wissen, ob ihr EFT helfen könnte, ihre Ängste und Befürchtungen vor der geplanten künstlichen Befruchtung (In Vitro Fertilisation) zu nehmen.

Wir beschlossen, uns zuerst mit ihren Schwierigkeiten während der ersten Schwangerschaft zu beschäftigen – da war sie in Panik und auch ihr Partner wurde davon erfasst. Obwohl damals alles gut verlief, stresste sie jetzt die Erinnerung so sehr, dass sie offensichtlich unbewusst die Empfängnis verhinderte. Es gab keine Anhaltspunkte, dass der Körper nicht dazu in der Lage wäre. Sie hatte bereits mehrere erfolglose künstliche Befruchtungen hinter sich.

Es wurde mit der Angst, der Panik, den Selbstvorwürfen, der Scham geklopft. Nach einigen Runden waren sie aufgelöst und sie war zuversichtlich. Auch die negativ besetzten Medikamente wurden geklopft und erschienen dann als hilfreiche Mittel für die Erfüllung ihres größten Wunsches.

Bei der nächsten Sitzung berichtete sie, dass sie sich viel freier und wohler mit ihrem Körper fühle. Auch der Sex mit ihrem Partner sei wieder spontaner und unverkrampfter. Doch es waren noch kleine Zweifel da, ob sie auf natürliche Weise schwanger werden könnte.

Einer weiteren künstlichen Befruchtung stand sie skeptisch gegenüber. Also wurden alle quälenden Ängstlichkeiten und Bedenken geklopft. Sie war für EFT sehr empfänglich, ihre Blockaden waren leicht zu lösen.

Nachdem sie sich gut fühlte, konnte sie das Erlauben ohne Widerstände klopfen. Sie erlaubte sich, auf natürliche Weise schwanger zu werden, dass ein Kind in ihr wächst, dass sie eine problemlose Geburt haben werde.

Bei der letzten Sitzung berichtete sie, dass sie nun EFT mit Erlaubenssätzen an den fruchtbaren Tagen macht und abendlich ihren gesunden Körper, die Fortpflanzungsorgane und die Befruchtung visualisiert.

Eine weitere Sitzung war nicht nötig. Sie war schwanger.

ERFOLG MIT KREATIVITÄT UND KUNST

Welche Ihrer Talente haben Sie vernachlässigt oder üben Sie nicht mehr aus?

Sie wollen sich kreativ ausdrücken – Sie wollen schreiben, malen, musizieren, schauspielern? Sie wollen möglicherweise damit Geld verdienen, es ist Ihr Beruf? Aber es gelingt nicht, es gelingt nicht gut, Sie wollen aufgeben?

Ramona malt

Die fünfzigjährige Ramona malt Bilder und möchte damit Geld verdienen. In Ihrem gelernten Beruf als Schauspielerin bekommt sie fast keine Rollen mehr. Das Malen macht ihr Freude, doch sie zweifelt an der Qualität ihrer Bilder. Dies scheint zu stimmen, denn viele Bilder verkauft sie nicht. »Irgendwie geht alles so zäh.« Ich beschloss, eines ihrer Bilder zu kaufen, das mir sehr gut gefiel. Ich habe ihren Preis dreimal überboten, um zu sehen, wie gering ihr Selbstwert wirklich ist und wie sie ihre Arbeiten einschätzt. Als sie mir das Bild brachte und wir es aufgehängt hatten, fand ich keine Signatur. Sie meinte, das Bild wäre für sie noch nicht fertig, aber ich wollte es ja so jetzt haben.

Für Ramona habe ich diese Sätze ausgesucht:

- *»Obwohl es mir nicht gelungen ist, eine Galerie zu finden, weil ich glaube, nicht gut malen zu können, obwohl es mir so viel Freude bereitet, liebe und...«*
- *»Obwohl ich nicht so gut perspektivisch zeichnen kann, wie ich es mir erträume, liebe und...«*
- *»Auch wenn es mir bisher nicht gelungen ist, das berührende Landschaftsbild zu malen, obwohl ich das Talent dazu habe, liebe und...«*
- *»Auch wenn ich glaube, ich kann gar nichts richtig, liebe und...«*
- *»Auch wenn keiner in meiner Familie künstlerisch veranlagt ist, liebe und...«*

Wir haben diese und weitere Sätze geklopft, lange geklopft. Immer wieder kamen neue Argumente.

154 Erfolgsthemen

Ich fragte dann »*Was magst du an deiner Arbeit, deinen Bildern gar nicht?*«

Solche Fragen sind eine Möglichkeit, die Flut von Argumenten und Einfällen auf das Wichtige zu lenken.

»*Ich kann nicht perspektivisch malen und das fehlt mir so sehr. Deshalb sehen alle meine Bilder so platt, so ohne Tiefe aus.*«

Natürlich gab es in der Nähe einer großen Stadt wohnend genügend Angebote, diese Technik zu lernen. Doch da gab es noch Zweifel: »*Aber vielleicht kann ich es wirklich nicht!*«

Natürlich folgte sofort EFT mit dem Zweifel:

▶ »*Auch wenn ich glaube, so zu malen nicht lernen kann, liebe und...*«

Als der Wert auf Null ging, machten wir das Erlauben.

▶ »*Ich erlaube mir, leicht und schnell diese Technik zu erlernen.*«

Ich fragte noch, während ich bei ihr bliebige Punkte klopfte:

»*Wer ist besser als du und warum?*«

»*Wer ist begabter oder begnadeter als du und was macht es aus?*«

»*Was hält dich davon ab, das nächste Mal besser zu malen?*«

»*Würdest du jemand verletzen, wenn du viel besser malst oder bist?*«

»*An was erinnert dich die Situation?*«

»*Wenn du sehr gut malen würdest, was könnte die negative Folge sein?*«

»*Wer würde sich von dir abwenden, wenn du meisterhaft malen würdest?* «

»*Wann zweifelst du an dir und wie lautet der Zweifel?*«

»*Welche deiner Träume erscheinen dir als absolut unrealistisch oder unerreichbar?*«

»*Was wünscht sich dein Partner von dir, wie du sein könntest?*«

Es gab da Bedenken, dass sie erfolgreicher würde als ihr arbeitsloser Partner, dass er damit nicht klarkommen könnte, dass sie dann ein größeres Studio brauchen würde, dass sie möglicherweise Ausstellungen machen müsste, dass sie sich mehr in der Kunstszene bewegen würde, dass in der Kunstszene nicht nur angenehme Menschen sind. Alle diese Aspekte wurden geklopft, bis sich kein Stress mehr meldete.
Vor kurzem sah ich ein Plakat mit der Ankündigung einer Einzelausstellung von Bildern von dieser Ramona.

Setzen Sie in die zuvor genannten Lösungssätze irgendeine künstlerische oder kreative Tätigkeit ein und Sie werden mit Sicherheit die Blockaden lösen können. Wenn Sie nicht weiterkommen, dann ist das Fahnden nach einer spezifischen Situation in der Kindheit nötig. Denken Sie an Kommentare der Eltern, der Lehrer, der Ausbilder, der Dozenten. Welches kleine (für den Erwachsenen von heute) oder große (für das Kind von damals) Trauma wurde erlebt und wirkt immer noch. Misslang ein Vortrag, ein Vorspielen, ein Vorsingen? Wer lachte darüber, wer gähnte, wer kritisierte, wer machte sich lustig über dich, was stand in der Zeitung, wer kommentierte? Wie viel Scham oder schlechtes Gewissen wurde erlebt?

Georg spielt Orgel

»Ich spiele Orgel, wie du weißt. Jedes Mal, wenn ich einen Fehler mache, klopfe ich genau nur diesen Fehler. Nicht mehr, dass ich es nicht kann. Der Satz klingt dann so:

▶ ›*Auch wenn ich das hohe G mit der rechten Hand verpasst habe, liebe und…*‹

156 Erfolgsthemen

Das erstaunliche ist – und es funktioniert jetzt mit jedem Fehler oder Misslingen –, dass ich am nächsten Tag oder wann immer ich das Stück spiele, den Fehler nicht mehr mache. Weder dann noch irgendwann später. Meine Freude am Spie-len hat so zugenommen, ich traue mich jetzt an viele neue und schwere Stücke.«

Motivieren

Machen Sie motivierende *Erlaubenssätze*:

▶ *»Ich wähle ab sofort meine Kreativität umzusetzen.«*
▶ *»Ich erlaube meiner Kreativität sich voll zu entfalten.«*
▶ *»Ich wähle den Mut zu bekommen, meine Werke vorzustellen.«*
▶ *»Ich wähle wahrzunehmen, wie sich Verlage für mein Manuskript interessieren.«*
▶ *»Ich entscheide mich für den Erfolg mit meiner Kunst.«*
▶ *»Ich entscheide mich dafür, dass ich sehr gut spielen kann.«*
▶ *»Ich bin bereit, mich ständig zu verbessern.«*
▶ *»Ich habe den langen Atem für das absolute Können.«*

Die »Erste Hilfe« mit EFT ist eine wahre Erleichterung für den Moment. Wenn Sie es gründlich machen wollen und für sich und andere dauerhafte Erfolge erzielen möchten, gehen Sie bitte noch einen Schritt weiter. Sie müssen ihn nicht machen, aber es kann sich als »der große Wendepunkt« herausstellen. Die nächste Ebene, die Sie angehen können, ist eine zukünftige *Alternative* für Ihr Leben.

So beginnt hier das Kreieren eines neuen Denkens und Handelns. Sie visualisieren für sich selbst oder mit Ihrem Gegenüber einen Idealzustand – eine Steigerung, eine Veränderung, eine Verbesserung. Sie sehen sich es selbst anders machen, Sie fühlen, wie es ist, wenn es so viel dynamischer, facettenreicher, eindrucksvoller, harmonischer, eleganter etc. ist. Das Visualisieren und Erfahren der *Alternative* wird mit ständigem Klopfen unterstützt.

Klopfen Sie irgendwelche Punkte, abwechselnd, nacheinander, es gibt keine Regel dafür. Erzählen Sie dabei oder lassen Sie sich erzählen, was dabei wahrgenommen wird.

Bei diesem Schritt melden sich vielleicht noch einmal die Zweifel, die Bedenken, die Verbote, die Einwände, die Beschränkungen und rufen »Einspruch!«. Vielleicht meldet sich auch Ihr ständiger Begleiter, der »Kritiker« oder der »Besserwisser«. Sie kommentieren Ihr Denken und Handeln und beziehen sich auf etwas, was einmal geschehen ist, wer einmal etwas mit Ihnen gemacht hat und wie schlimm, erniedrigend, enttäuschend, verletzend, missachtend es war. Gehen Sie wieder auf diese spezifischen Situationen ein und bleiben Sie nicht bei den allgemeinen Kommentaren.

> Erst wenn diese Blockaden geklopft sind und sich kein Einwand meldet, kann die nächste Stufe genommen werden, mit Leichtigkeit und Erfolg.

ERFOLG MIT LERNEN

Schule, Ausbildung oder Studium können ganz schön anstrengend sein, wenn Fähigkeiten wie das Rechnen, Lesen, Schreiben, Lernen schwerfallen.

Mark und die Mathematik

Der 9-jährige Mark erzählt, dass er wegen seiner Leistungen in Mathematik wahrscheinlich nicht versetzt wird. Ihm fällt es schwer, verbal gestellte Aufgaben ohne sie zu lesen zu lösen und die Lösung aufzuschreiben. Die Drohung lautet, er würde ein ganzes Jahr wiederholen müssen; Scham und Schuldgefühle sind da.

Er erlebt jetzt schon Angst, wenn die Situation angekündigt wird oder vorhersehbar ist.

Eine Angst löst Neurotransmitter aus, die genau den Teil des Gehirnes blockieren, der für diese mentalen Leistungen nötig ist. Genau das passiert auch bei Prüfungsangst. Nach der Prüfung stehen alle Informationen wieder zur Verfügung, die während der Prüfung durch die Angst blockiert sind.

Wenn Kinder – und auch Erwachsene – vor und während Prüfungen Angst erleben, kann EFT, vor der Situation angewandt, die Blockade verhindern.

▶ *»Auch wenn ich mich blockiert fühle, wenn…, liebe und…«*
▶ *»Auch wenn ich Angst davor habe bei… zu versagen, liebe und…«*

Marks Schwierigkeiten liegen vor allem beim Multiplizieren. Sie kennen es wohl noch: Wie viel ist 6 mal 6, 7 mal 6, 8 mal 6 usw.? Allein schon das Ansprechen, dass nun EFT mit Multiplizieren gemacht wird, erschöpft Mark. *»Oh, nein, nicht das!«*

Aufmerksames Beobachten kann zu einer schnelleren Lösung führen. In diesem Fall ist es, dass Mark sich offensichtlich sehr unwohl fühlt mit dem Thema. Da er EFT kennt, kann seine Mutter mit ihm das Thema klopfen. Sie klopft alle Punkte, während sie ihn über Mathematik, Multiplizieren und seine Gefühle dabei fragt.

Mark äußert, dass er besorgt ist, die Klasse zu wiederholen. Das ist nun ein anderer Aspekt. Er fühlt sich nicht wohl mit dem Lehrer, der ihn manchmal anschreit. Das ist ein weiterer Aspekt. Er fühlt sich durch ihn verletzt. Noch ein Aspekt. Er fürchtet, dass es wieder passieren wird. Noch ein Aspekt. Er erinnert sich an das erste Mal, als ihm das geschah. Dieser Aspekt wird mit den anderen elegant in einem Satz verbunden:

◗ *»Auch wenn ich mich jetzt daran erinnere, wie ich das erste Mal angeschrien wurde und sehr verletzt war und mich davor fürchte, dass es wieder geschieht, bin ich völlig in Ordnung, ich bin cool.«*

Die einzelnen Aspekte werden abwechselnd auf den Punkten geklopft und mit der Gamutsequenz abgeschlossen:

◗ *»Die Angst, dass es wieder passiert.«*
◗ *»Als er mich angeschrien hat.«*
◗ *»Verletzt.«*

Jetzt kommt der Test. Mark wird gebeten zu multiplizieren. Siehe da, es fällt ihm leicht, alle Zahlen von 2 bis 9 mit 8 zu multiplizieren. Am nächsten Tag konnte er nicht wie vorher 4 von 10, sondern 9 von 10 Aufgaben richtig lösen. Seine Mutter macht weiter EFT mit anderen Aufgaben. Sie klopft bei ihm Punkte und lässt ihn das Multiplizieren von 5, 6, 7, 9 üben. Es klappt immer besser. Beim nächsten Test in der Schule löst er alle Aufgaben richtig. Mark geht jetzt entspannt zur Schule, der Lehrer kann ihn nicht mehr schrecken, auch sein Image in der Klasse hat sich gewandelt.

160 Erfolgsthemen

Aspekte, die mit EFT behandelt werden können:

▶ *»Auch wenn ich mir nichts merken kann, liebe und...«*

▶ *»Auch wenn ich nicht malen kann, liebe und...«*

▶ *»Auch wenn bei mir nichts klappt, liebe und...«*

▶ *»Auch wenn ich Mathematik nicht verstehe, liebe und...«*

▶ *»Auch wenn ich Angst vor Prüfungen/dieser Prüfung habe, liebe und...«*

▶ *»Auch wenn ich mich nicht konzentrieren kann, liebe und...«*

▶ *»Auch wenn ich mich so dumm fühle deswegen, liebe und...«*

▶ *»Auch wenn ich blockiert bin, normal zu lesen, liebe und...«*

▶ *»Auch wenn ich erstarre, wenn ich versuche zu schreiben, liebe und...«*

▶ *»Auch wenn Ich Angst habe, laut vorzulesen, liebe und...«*

▶ *»Auch wenn ich Angst habe, es nicht zu verstehen, liebe und...«*

▶ *»Auch wenn ich mit fürchte, vor allen anderen etwas vorzulesen, liebe und...«*

▶ *»Auch wenn ich fürchte, ich verstehe es nicht, liebe und...«*

> Auf körperliche Symptome wie Zittern der Hände, der Knie, ein Schweißausbruch, eine Verspannung achten und diese mit EFT behandeln, bis sie nicht mehr auftreten. Danach immer testen, ob das Thema nun frei von Emotionen und körperlichen Symptomen ist.

Eine amerikanische Lehrerin macht mit den Kindern in der Schule regelmäßig eine Kurzform des EFT – die Kinder klopfen einige Punkte ohne einen Lösungssatz auszusprechen. Das EFT hilft ihnen, während des Unterrichts aufmerksam zu bleiben und vor Tests die Angst und den Stress zu reduzieren. Sie lässt diese Punkte mit der flachen Hand klopfen:

Fontanelle – Schlüsselbein – Innenseite unter Handgelenk – Innenseite über Kniegelenk

Kinder erleben die Schule manchmal als Qual. Es kann an den Lehrern, den Mitschülern, dem Stoff liegen. Eltern können EFT entweder mit den Kindern machen (nehmen Sie ganz spezifische Vorkommnisse und das, was das Kind fühlt) oder für die Kinder als Stellvertreter, denn manche Kinder empfinden das Klopfen als merkwürdig, befremdend, blöde, uncool. Gerade in der Pubertät wollen viele Kinder nicht gerne von den Eltern »behandelt« werden.

Sie als Elternteil konzentrieren sich auf das Kind. Sie können, aber müssen nicht den Namen des Kindes in den Satz aufnehmen und machen bei sich selbst EFT mit dem Thema des Kindes. Das hat in vielen Fällen zu einer Erleichterung beim Kind geführt. Einzubinden oder getrennt mit aufzunehmen beim EFT ist die Aussage, dass die Eltern das Kind nicht ablehnen, weil seine schulischen Leistungen nicht perfekt sind.

ERFOLG MIT ÖFFENTLICHEM REDEN

Sie müssen oder möchten öffentlich reden, Vorträge halten, Präsentationen machen, vor einer kleinen oder großen Anzahl Menschen reden? Es ist Teil Ihrer Arbeit, Ihres Berufes? Sie stehen vor einer Kamera? Sie wollen möglicherweise damit Geld verdienen, aber es fällt Ihnen schwer, Sie geraten in Panik, Sie vergessen Texte?

Machen Sie EFT mit dem, was Sie am meisten stört, was Sie am meisten befürchten, mit allen Aspekten, die Ihnen zu der

162 Erfolgsthemen

Situation einfallen. Am besten gelingt das, wenn Sie die Situation spielen und dabei auch auf körperliche Symptome achten. Diese Symptome nehmen Sie mit in den Lösungssatz.

◗ *»Auch wenn ich wie gelähmt bin und Angst habe, vor so vielen Menschen flüssig zu sprechen, liebe und...«*

◗ *»Auch wenn ich stark schwitze und erwarte, dass ich den Text vergesse, liebe und...«*

◗ *»Auch wenn ich vorher völlig nervös bin und sich mein Magen zusammenzieht, wenn ich eine Präsentation machen muss, liebe und...«*

Wenn Sie das nächste Mal wieder in die Situation kommen, klopfen Sie einmal EFT. Wenn Sie sich beruhigt haben und wieder klar denken können, hat Ihr System »verstanden«. Nun brauchen Sie später oftmals nur *einen* Punkt zu klopfen (am besten den Karatepunkt) auf dem Weg zum Sitzungszimmer, zur Bühne, ins Studio.

Doris gibt ein Seminar

Die 30 jährige Therapeutin Doris sollte am Abend ein Seminar halten. Sie ist kompetent in ihrem Fach. Sie kam wegen ihrer inneren Unruhe vor dem Abend. Ihr Wert war 9, da ist man schon sehr aufgewühlt. In ihrer Vorstellung hantiert sie mit den Dias und »...*verwechsele dauernd alle Worte, spreche völlig konfuses Zeug*«.

Wir machten EFT und nahmen noch den Punkt auf der Kopfmitte als Abschluss. Schon waren wir beim Wert 4. Wir machten noch einmal EFT mit dem, was sie jetzt noch erwartete, was am schlimmsten passieren könnte. Das Verwechseln der Worte war ihre Restbefürchtung. Das EFT brachte diesen Aspekt auf 0.

So weit so gut? Ich fragte noch einmal als Test, was sie empfindet, wenn sie an den Abend denkt. Dann war da Angst. Sie meinte, sie müsse andere überzeugen. Das ist eine Überzeugung, jemanden überzeugen zu müssen. So machten wir EFT mit der Kurzform »*Ich muss andere überzeugen.*« Dann war dieser Aspekt auf 0.

Es tauchte der nächste Aspekt auf. »*Ich komme mit meinem Vortrag nicht richtig voran und vergesse Pausen zu machen.*« Das hatte den Wert 8. Das EFT brachte sie auf 4, aber es gab keine weitere Verbesserung. Sie bemerkte auch, »*...dass ich starkes Herzklopfen habe*«.

Ich musste etwas anderes ausprobieren, sonst hätte sie möglicherweise noch viele Aspekte gefunden. Ich nahm keinen Satz, keine Kurzform, ich schwieg und klopfte. Ich klopfte sehr sanft den Punkt Kopfmitte, das Dritte Auge, dann mit beiden Händen die Augenpunkte gleichzeitig links und rechts, dann unter der Nase und auf dem Kinn gleichzeitig, die beiden Schlüsselbeinpunkte und unter den Armen. Zum Schluss ließ ich eine Hand noch einen Moment bewegungslos auf der Kopfmitte liegen.

Mit sichtlicher Erleichterung atmete sie tief aus und meinte, dass sie sich jetzt viel entspannter fühle. Wir sprachen noch einmal über die Situation des Abends und aus Angst war Freude darüber geworden, zu anderen, fremden Menschen zu sprechen.

Wenn Sie sich oder anderen Menschen in solchen Situationen mit EFT helfen möchten, kann EFT als »Erste Hilfe« bei akuten Situationen sehr gut eine momentane Erleichterung bringen.

Wenn Sie darüber hinaus gehen wollen und ihr Gegenüber dazu bereit ist, machen Sie *präventive Arbeit,* damit das Thema nie mehr auftaucht.

Da ist es empfehlenswert, die unbewussten Auslöser der Blockade zu finden. Diese Aspekte bitte gründlich untersuchen und klopfen:

- alle Ängste und Befürchtungen
- alle spezifischen Situationen und Zeiten, wo die Ängste und Befürchtungen zum Problem werden
- alle weiteren Emotionen, die mit der Situation verbunden sind
- Ärger über das Problem, die Situation
- innere Kritiker
- Perfektionsansprüche
- Versagensängste
- Wiederholungsängste
- Selbstvorwürfe

Testen Sie diese Situationen:
»Wenn Sie sich vorstellen, jetzt
- *plötzlich vor fremden Menschen sprechen zu müssen,*
- *vor großen Gruppen zu sprechen,*
- *vor kleinen Gruppen zu sprechen,*
- *im Beisein von Autoritäten, Vorgesetzten, Höherrangigen, Berühmtheiten, Stars, Menschen mit einem höheren Status zu sprechen,*

— sich präsentieren zu sollen an bestimmten Orten, die als heilig, bekannt, verschrien, berüchtigt, außerordentlich angesehen sind,

was geschieht bei Ihnen?«

Mit diesen Sätzen können Sie präventives EFT machen und die Werte auf Null bringen.

Um das Thema gründlich zu reinigen, suchen Sie nach der nächsten Situation, wo das Thema wieder auftauchen könnte. Klopfen Sie einfach eine Kurzform für die Situation wie *»die nächste Konferenz in...«.*

Wenn noch Skepsis, Zweifel oder Ängste kommen, sofort damit EFT machen. Sie können jedes Thema ohne Gamutsequenz nacheinander klopfen, Sie können das Thema während des Klopfens wechseln, wenn neue Aspekte auftauchen, Sie können es humorvoll übertreiben, Sie können provokative Sätze einfügen, seien Sie spielerisch – bis alle Werte auf 0 sind.

Fragen Sie danach, wie die Situation bestenfalls sein würde, wie sie im positiven Fall geschieht, und klopfen Sie während der Beschreibung. Sie werden – wie in vielen erfolgreichen Fällen – eine völlige Veränderung wahrnehmen. Von Angst nach Zuversicht. Von Panik zu Freude.

Rosmarie schreibt mir

»Am letzten Wochenende gaben wir ein Mentaltraining-Seminar und dabei haben wir am 2. Tag das EFT vorgestellt. Wir hatten eine Teilnehmerin, eine Lehrerin, die sagte, dass sie vor Erwachsenen nicht reden kann. Wenn sie nur daran denke, schnüre sich ihre Kehle zu, hätte sie Herzklopfen bis zum Hals hinauf und ein schlechtes Gefühl im Magen würde sich melden. Der Stresswert war 10.

Wir machten EFT mit: ›*Auch wenn ich vor erwachsenen Menschen nicht reden kann, liebe und...*‹

Nach dem ersten Durchgang war sie beim Wert 4–5.

›*Auch wenn sich meine Kehle zuschnürt, mein Herz bis zum Hals hinauf klopft und ich ein schlechtes Gefühl im Magen habe, liebe und...*‹

Nach dem zweiten Durchgang hatte sie eine 2.

›*Auch wenn ich daran zweifle, dass mich EFT so schnell von meiner Redeangst befreien kann, liebe und...*‹

Stresswert 0.

Darauf fragte ich sie, wie sie sich jetzt fühlt und ob sie bereit wäre, vor der ganzen Gruppe (18 Leute) eine kurze Rede zu halten, am besten gerade über EFT, was sie heute gelernt und erfahren hat? Sie strahlte wie eine Sonne und hielt eine freie Rede. Wir alle waren zutiefst berührt, wie gut und effizient, locker und leicht sie vorgetragen hatte. Sie war selbst äußerst erstaunt und rundum glücklich.

Als ich sie fragte, wie sie sich dabei gefühlt habe, sagte sie, sehr gut. Sie hatte noch eine Frage, ob das wohl andauert oder ob sie es wieder verlieren würde.

Also machten wir noch einen EFT-Durchgang.

›*Auch wenn ich Angst habe, das herrliche Resultat ist nur von kurzer Dauer, liebe und...*‹

Rundum zufrieden und glücklich ging sie nach Hause und war sich sicher, dass sie jetzt jede Gelegenheit packe, um vor erwachsenen Menschen zu reden.«

ERFOLG MIT AUFSCHIEBERITIS

Procrastination heißt das Verhalten der Aufschieberitis, alle Arbeit auf Morgen zu verschieben. Psychologen halten jeden Fünften für betroffen.

Es gibt einfache Fälle, wo man sich vor unangenehmen Tätigkeiten drückt, sie verschiebt. Es gibt mittelschwere Fälle, die vieles vor sich herschieben, während sie sich mit allem möglichen beschäftigen und dann in letzter Minute das Projekt beginnen. Es gibt chronische Aufschieber, die allen guten Vorsätzen und Schwüren trotzen. Sie schreiben keine Rechnungen, geben keine Steuererklärung ab, vermeiden den Besuch des Fitnessstudios, für das sie ein Jahresabonnement gezahlt haben, kommen immer zu Verabredungen zu spät.

Sie haben eine lange »Was-zu-tun-Liste«, an die sie sich nicht halten. Sie zahlen Mahngebühren, Überziehungsgebühren, beachten Mahnungen wie nette Bitten um Stellungnahmen, denen sie vielleicht irgendwann nachkommen. Belege werden in Kartons gesammelt, die irgendwann verräumt werden.

Wenn Sie EFT für dieses Symptom machen möchten, passen Sie gut auf. Aufschieber haben immer »gute« Gründe, warum es nicht geht, warum es nicht geklappt hat. Sie sind geniale Ausredenerfinder, Selbstbetrüger und immer sind andere Schuld: Der Verkehrsstau, die Witterung, die wichtige Nachrichtensendung, etwas kam dazwischen, etwas musste noch geklärt werden, xy hatte noch angerufen und da konnte ich nicht…

Einem chronischen Aufschieber zu sagen: »Jetzt mach doch mal!«, ist so, wie einem Depressiven zu sagen, er solle doch einfach mal fröhlich sein.

168 Erfolgsthemen

Chronische Procrastination, also das gewohnheitsmäßige Aufschieben einer Tätigkeit, die erledigt werden muss, ist nicht etwa eine schlechte Angewohnheit, die man mit strenger Hand und lautem Schimpfen einfach abstellt. Sie hat auch nichts mit mangelndem Zeitmanagement zu tun, sondern ist eine starke Arbeits- und Selbstorganisationsstörung. Clevere Aufschieber nehmen diese Einschätzung wohlwollend entgegen, denn nun haben sie eine anerkannte Störung und da können sie ja nichts anderes tun.

Vor allem im schulischen und akademischen Bereich ist das Symptom anzutreffen. Studenten haben auffällig oft Probleme damit, sich selbst zu organisieren oder zu regulieren. Auch so mancher Autor hat schon bis einen Tag vor dem letzten Termin mit der Abgabe seines Manuskriptes gewartet – zu denen zähle ich nicht. Aber eine Bekannte von mir kommt verlässlich immer später als vereinbart. Und das Buch, das ich wieder zurück haben wollte, hat sie vergessen.

Procrastination ist wie ein Zwang. Procrastination ist, wenn man diese Liste der Dinge, die zu erledigen sind, ständig umorganisiert, sodass wenig oder überhaupt nichts von ihr erledigt wird. Zu der Procrastination gehört auch das Erstarren, wenn man beispielsweise nach langem Aufschieben doch die Prüfung machen will oder muss, wenn etwas schwierig wird, wenn ein neues Verhalten nötig wäre. Möglicherweise steht man im Flur und weiß nicht, wohin man gehen will. Es kommt keine Antwort.

Eine Variante ist das Vermeiden von minderwertigen oder gering geschätzten Aufgaben – aus Sicht des Aufschiebers. Beispielsweise kommt man zu spät zur Arbeit und entgeht damit der Entdeckung, etwas nicht leisten zu können. Die anderen sollen annehmen, man hätte sich nicht angestrengt. Das ist positiver als die Entdeckung, man hätte es nicht gekonnt, man wäre unfähig. So werden Vorlesungen »verpasst« und dann kann man das Thema nicht beherrschen.

Eine weitere Variante sind die Erregungsaufschieber. Sie können erst im letzten Moment etwas leisten oder vollenden. Der Rausch wird genossen, es jetzt angehen zu müssen und es dann – wieder einmal – zu schaffen. Die Studentin kann da sagen, sie hätte wochenlang keinen klaren Gedanken fassen können, habe den Faden verloren, ihr sei nichts eingefallen. Wenn man sich das oft genug gesagt hat, gibt es Gehirnprozesse, die dafür sorgen, dass einem zwei Wochen später tatsächlich kein vernünftiger Satz einfällt. Wenn dem Erregungsaufschieber nach der Druckphase das Adrenalin durch die Adern rauscht, ist da ein Hochgefühl, das nur durch diese Art zu arbeiten zu erreichen ist.

Um mit EFT diesen Menschen zu helfen, braucht es ein Programm, das eingehalten werden muss. Zunächst beschäftigt man sich mit den Bedenken:
- Was kommt jetzt auf mich zu?
- Wird das schwer?
- Woher soll ich diese Disziplin nehmen?
- Werde ich darunter leiden?
- Ich würde es lieber morgen beginnen!

Dann plant man erste Schritte – also organisatorische Maßnahmen:
- Kleine Schritte werden gemacht
- Termine werden unbedingt eingehalten

170 Erfolgsthemen

- Es gibt Belohnungen für das Erreichen der Ziele
- Disziplin wird eingehalten
- EFT wird für jeglichen Stress gemacht, der beim Prozess auftritt

Sie können es mit diesen Fragen probieren, zu denen ich gleich einige beispielhafte Antworten gebe:

»Warum schieben Sie auf?«
»Weil ich mich am Computer nicht auskenne.«

»Warum stecken Sie in Ihrer Situation fest, obwohl es Menschen gibt, die Ihnen helfen können?«
»Ich habe nicht um Hilfe gebeten. Ich mag nicht bitten.«

»Warum haben Sie nicht um Hilfe gebeten?«
»Weil ich sonst als dumm erscheinen könnte – ich sollte es selbst lösen können.«

»Warum kümmern Sie sich darum, was andere über Sie denken?«
»Es ist mir wichtig, was andere von mir denken.«

»Warum würden die anderen denken, Sie wären dumm?«
»Weil ich glaube, dass man schon dumm sein muss, wenn man es nicht selbst lösen kann. Ach ja, ich würde über andere auch so denken!«

»Warum müssen Sie es allein lösen können?«
»Weil ich gelernt habe, mich nur auf mich zu verlassen. Wenn ich es nicht selbst kann, komme ich mir nicht intelligent vor.«

»Warum wäre es schlecht, wenn Sie nicht so intelligent wären, wie Sie denken?«
»Weil ich meine ein intelligenter Mensch zu sein. Das ist mein Selbstbild. Das wäre ein hartes Urteil über mich.«

»Warum wäre es hart für Sie, wenn Sie so über sich urteilten?«
»Weil ich mich dagegen wehre, weil ich mich so nicht annehmen kann.«

Die Antworten können jederzeit mit EFT geklopft werden, nicht erst nach der ganzen Fragesequenz:

- *»Auch wenn ich mich nicht annehmen kann, wenn ich nicht genügend intelligent bin, liebe und...«*
- *»Auch wenn es für mich hart ist zu erkennen, dass ich nicht so intelligent bin, liebe und...«*
- *»Auch wenn es mich hart trifft, das zu erkennen, und ich nicht weiß, warum mich das so trifft, liebe und...«*
- *»Auch wenn ich mich als dumm bezeichne und mich das so trifft, liebe und...«*
- *»Auch wenn ich in dieser Sache dumm dastehe und in anderen Situationen intelligent handle, wähle ich, ab jetzt wie in den intelligenten Situationen zu handeln.«*

Die Untersuchung der tieferen oder weiteren Aspekte kann eine umfangreiche Sache werden – inhaltlich und zeitlich. Es können diese Motive – denn ohne Motiv wird nichts gemacht – untersucht werden, warum etwas aufgeschoben, verschoben, verdrängt, unterlassen wird:

- Belohnung, es wieder geschafft zu haben
- Druck und Anspannung als Signale des lebendigen Daseins
- Erleichterung nach überstandener Situation

172 Erfolgsthemen

- Überzeugung des Kämpfenmüssens
- Ausweichen von Druck
- Rebellion gegen Anpassung und Konformität
- Gleichgültigkeit, dass sowieso alles keinen Zweck hat
- Überzeugungen, dass das auch nicht glücklich macht
- Sieg über die herausfordernde Situation

Wenn Sie EFT für die Aspekte geben, achten Sie auf alle (!) unwillkürlichen Signale des Ausweichens, Signale der Betroffenheit, gehen Sie alle Ausreden und Verharmlosungen an.

Viele Procrastinasten pflegen eine Erfahrungswiederholung, sind sich aber dessen nicht bewusst; beispielsweise einer Überforderung durch das Leben jetzt als Wiederholung einer Überforderung als Kind. Sie rebellieren immer noch oder wieder gegen rigide Elternteile oder autoritäre Systeme, die sie umgaben. Sie trotzen und sind stolz darauf, noch trotzig zu sein.

Zwei Beispiele einer Belohnungserfahrung der Verzögerung oder Vermeidung in der Kindheit:

Wer zu spät zum Bus kommt, wird von Mama mit dem Auto gefahren. Mit dem Auto gefahren werden ist cool. Alle anderen müssen laufen, ich nicht. Alle sehen, wie ich vorgefahren werde. Ich bin besonders. Man beachtet mich.

Nicht rechtzeitig nach Hause gekommen zu sein hatte die erfreuliche Folge, dass die lästige Gartenarbeit schon von Geschwistern gemacht wurde. Und ich konnte länger das spielen, was ich wollte. Überhaupt geht es hier um mich und was ich will.

Sollten Sie auf spezifische Situationen stoßen, positive wie negative Erinnerungen, dann klopfen Sie diese. Ja, auch die positiven Momente! Auch sie können blockieren, denn sie sollen erhalten werden und erlauben dadurch kein neues Erleben, verändertes Verhalten, neue Partner etc.

> Eine lebendige Technik ist, sich das Ziel, das Projekt, die Tätigkeit als Objekt im Raum in einigem Abstand zu platzieren. Während man sich auf das Ziel zubewegt, wird (im Stehen und Gehen) alles geklopft, was an emotionalen oder mentalen Sensationen wahrgenommen wird. Manche Menschen bekommen Herzklopfen, Schwindelgefühle, Unwohlsein usw. Diese werden sofort geklopft und erst dann wird der nächste Schritt gemacht.

Eine dreißigjährige Frau berichtet, dass sie Neues einfach nicht anfängt. Sie kann es monatelang vor sich herschieben, vertagen, vergessen. Wenn es dann dringend wird, überfällt sie zuerst Angst. Nachdem wir diese Angst klopften und als Test wieder die Situation als Film durchspielten, war sie sehr überrascht und meinte, jetzt aufgeregt zu sein, so etwas wie erregte Neugier. Wir hatten es nicht direkt angesprochen, ich hatte keine Vorschläge oder Interpretationen gemacht. Die Sitzung endete mit: »*Ich habe immer Erregung und Neugier mit Angst verwechselt. Ich habe es einfach falsch gedeutet.*«

Ein kurzer Test –
Aussagen zur Situationseinschätzung

Hier geht es um die Tendenz, Handlungen aufzuschieben, selbst wenn dieser Aufschub unter Umständen vorhersehbare stressreiche Konsequenzen hat.

174 Erfolgsthemen

- Ich komme oft erst nach Tagen dazu, Dinge zu tun, die ich eigentlich sofort erledigen wollte.
- Ich beginne keinen Tag mit einer klaren Vorstellung davon, was ich schaffen will.
- Oft erledige ich Aufgaben später als nötig.
- Ich nehme mir oft Dinge vor, die ich dann doch nicht tue.
- Wenn es darum geht, meine Pläne in die Tat umzusetzen, bin ich nicht diszipliniert.
- Mir wachsen all die Dinge, die noch unerledigt sind, über den Kopf.
- Es gelingt mir nicht, meinen Tag so zu organisieren, dass ich abends das Gefühl habe, alles Wichtige erledigt zu haben.
- Ich lasse die für mein Leben wirklich bedeutsamen Tätigkeiten im Alltagsstress untergehen.
- Gewisse Projekte schiebe ich immer auf.
- Bei manchen Projekten lasse ich es auf die letzte Sekunde ankommen.
- Ich lasse andere warten ohne schlechtes Gewissen.
- Ich habe selten ein schlechtes Gewissen, wenn ich wichtige Dinge vor mir herschiebe.
- Wenn ich einen Brief geschrieben habe, kommt es vor, dass er tagelang herumliegt, bevor ich ihn einwerfe.

Die Antworten können sein:

(1) nein, nie
(2) eher nein
(3) eher ja
(4) ja, genau.

Bei vielen Antworten mit 3 oder 4 tendieren Sie zur Aufschieberitis.

ERFOLG MIT FREIZEIT- UND LEISTUNGSSPORT

EFT für sportliche Leistungen ist eine für viele Sportler unbekannte Methode. Meistens wird versucht, die Leistungen oder das Können durch mehr Üben, mehr Ausdauer, Muskelaufbau, Mentaltraining, mit einem speziellen Trainer für dies und einem speziellen Trainer für das, Nahrungsergänzungsmitteln etc. zu verbessern. Auch wenn sie in mentaler und körperlicher bester Verfassung sind und ihren besten Tag haben und das Wetter günstig ist – sie sagen immer, sie könnten es noch besser. Was sie davon abhält, besser oder regelmäßig Spitzenleistungen zu erzielen, ist im Kopf. Selbst wenn sie es genau wissen, es Hunderte Male durchgespielt haben, der letzte Zentimeter fehlt, die letzte Hundertstelsekunde sind sie zu langsam, sie verfehlen die Hürde, sie treffen den Ball nicht richtig, an diesem Tag klappt nichts richtig.

Die Komfortzone hält sie da, wo sie glauben hinzugehören: In die zweite Liga, hinter den Star der Mannschaft, auf Platz irgendwo, nur nicht vorne, sondern ins Mittelfeld. Das gleiche gilt ebenfalls für die Musiker, Autoren, Balletttänzer, Rennfahrer, EFT-Practitioner, die meinen, sie gehörten »da vorne« oder »da oben« nicht rein. In ihren Selbsteinschätzungen offenbaren sie ihre Komfortzone, wenn sie beispielsweise erklären, sich im Mittelfeld oder in der 2. Mannschaft oder der Reserve zu sehen. Da, wo sie sich selbst sehen, werden sie hingehen.

Diese Frage der Selbsteinschätzung ist der erste Schritt für eine erfolgreiche Anwendung des EFT für eine Leistungssteigerung. Die Selbsteinschätzung ist die Komfortzone. Mit

176 Erfolgsthemen

dem üblichen Lösungssatz wird begonnen und mit dem Erlauben weitergeklopft. Jegliche Zweifel, Einwände, Bedenken sind Inhalt der nächsten Lösungssätze – bis sich keine einschränkende Stimme mehr meldet.

▶ *»Auch wenn ich nie unter 10 Sekunden gelaufen bin, liebe und...«*

▶ *»Auch wenn ich glaube, diese Höhe nie zu schaffen, liebe und...«*

▶ *»Auch wenn ich nur ein mittelmäßiger Skifahrer bin, liebe und...«*

▶ *»Auch wenn ich beim Segeln nicht an die Klasse von... komme, liebe und...«*

Ja, fragen wir gleich weiter nach einem Vergleich. Gibt es ein Idol, ein Ideal, ein Vorbild, einen Helden, eine Heldin, eine Berühmtheit – die prominenten Unerreichbaren?

▶ *»Auch wenn ich nicht den Körper von... habe, liebe und...«*

▶ *»Auch wenn ich mich mit... vergleiche und meine das nie erreichen zu können, liebe und...«*

▶ *»Auch wenn... so viel besser ist als ich und es mir unmöglich erscheint, auch so zu sein, liebe und...«*

(Natürlich werden Sie im Rahmen Ihrer Fähigkeiten bleiben und keine Ziele anstreben, die offensichtlich unerreichbar sind. Ich kann keine 200 kg stemmen, auch wenn ich monatelang EFT mache.)

Sie können den Satz erweitern mit einer Wahlmöglichkeit; damit haben Sie zwei Schritte gleichzeitig gemacht.

▶ *»Auch wenn ich nicht den Körper von... habe, wähle ich, erfolgreich zu..., und dafür liebe und...«.*

> Die Kurzform wird jetzt einmal *abwechselnd* mit der
> *negativen, einschränkenden* und der *positiven, gewählten*
> Aussage geklopft. Beginnend auf »Auge Innen« mit »*nicht
> den Körper von...*« nach »Auge Außen« mit »*wähle, er-
> folgreich...*« usw.

Muskeltests mit Sportlern haben gezeigt, dass das Denken an
»Stolz«, »Ehre«, »andere besiegen«, »andere schlagen« und
»Gier« die Leistungsfähigkeit enorm abnehmen lässt. Mancher kommt ins Stolpern, verfehlt den Balken, schlägt dane-
ben, wenn diese Vorstellung während des Wettkampfes aktiv
ist. Glücklicherweise vergessen manche Sportler diese Motivationen während eines Wettkampfes – sie gehen im Geschehen auf. Sollte sich jedoch das Denken einmischen, erleben
sie einen plötzlichen Abfall ihrer Leistungsfähigkeit oder
Treffsicherheit. Dieser Sport ist mühevoll.

Wenn der Sportler seinen Sport ausübt, nur um ihn auszu-
üben, hat er Zugang zu seiner gesamten Kraft oder Intuition.
Dieser Sport ist mühelose Glückseligkeit. Dieses Phänomen
des »im Fluss sein« kann bei jeder Betätigung beobachtet
werden. Joggen Sie, um zu joggen, oder joggen Sie, um anerkannt und gelobt zu werden – Sie werden den Unterschied
spüren. Außergewöhnliche Leistungen entstehen aus der Motivation zu außergewöhnlichen Leistungen, außergewöhnlichen Momenten, aber nicht aus dem Streben nach *meinen*
Leistungen, oder etwa für die *Ewigkeit.*

Sie können EFT mit den üblichen Lösungssätzen anwenden,
wenn die Tendenzen nach Stolz, Ehre, Gier erkennbar sind.
Sollten Sie den Muskeltest beherrschen, testen Sie vorher und

178 Erfolgsthemen

nachher die Leistungsfähigkeit, Treffsicherheit etc. oder die
Sorge um Fehler, Verlust, Niederlage.

Untersuchen wir die systemischen Begrenzungen mit Fragen
nach den Auswirkungen auf die Familie, den Kontakt zu
Freunden, die Beziehungen zu den Mitspielern, wenn die
Leistungen hervorragend werden.
»Was wird wer dazu sagen?«
»Werden mich die anderen noch mögen?«
»Wird mich meine Familie noch lieben?«
»Werden sie mit meiner Popularität umgehen können?«
*»Kann ich als Spitzensportler und Star noch mit diesen oder
jenen Menschen zusammen sein?«*
»Werden mich die Deutschen anerkennen für meinen Erfolg?«
»Wer wird es mir neiden?«
»Wer wird mich angreifen?«
»Wie wird es mir in meiner Stadt ergehen?«
»Was machen die Nachbarn?«

Beachten wir symbolträchtige Plätze oder Veranstaltungen,
die geladen sind mit Geschichten von Spitzenleistungen, po-
pulären Veranstaltungen, Auftritten von Berühmtheiten. Die
Geschichten können sich leicht einschleichen und lähmen.
Wir wollen doch deren Ansehen nicht angreifen und können
so in einem solchen Saal wie gelähmt sein.

Vergessen wir nicht das Auftreten oder den gemeinsamen
Start mit den Meisterschaftskandidaten, denen schon vorher
von den Medien das Anrecht auf Platz 1 gegeben wurde, und
fragen:
»Wie fühlen Sie sich, wenn... den Platz betritt?«

Erfolg mit Freizeit- und Leistungssport 179

»Was geht in Ihnen vor, wenn sie gemeinsam mit der Mannschaft... auf den Platz laufen?«

»Was bewegt Sie, wenn Sie hören,...kommt zu Ihnen in die Mannschaft?«

»Welche Gedanken kommen Ihnen, wenn Sie gemeinsam mit dem Weltmeister auf einer Anzeigetafel stehen?«

»Wo würden Sie sich einordnen nach Ihren jetzigen Einschätzungen?«

»Was fehlt Ihnen noch, um endlich... zu werden?«

»An was erinnert Sie Ihr Gegner?«

»Was hindert Sie daran, die nächste Stufe zu erreichen?«

»Wer ist besser als Sie und warum ist es so?«

»Welchen Teil Ihrer Darbietung vernachlässigen Sie?«

»Welchen Bereich Ihres Sports mögen Sie nicht so sehr?«

»Wann kommen Ihnen Zweifel? Wie heißen sie?«

»Was müssen Sie tun für Ihren Sport, was Sie nicht mögen?«

Über die beschränkende Komfortzone hinaus kann nach spezifischen Erlebnissen gefragt werden, die die Beschränkung ausgelöst haben können. War da einmal ein abfälliger Kommentar eines Lehrers, Trainers, Meisters, Experten? Gab es eine Situation, wo ein klägliches, peinliches Versagen stattgefunden hat?

▶ *»Auch wenn mein Lehrer mich beim Laufen angeschrien hat, liebe und...«*

▶ *»Auch wenn mich alle in der Schule, insbesondere bei dem einen Sportfest, überholten und ich als Letzter angekommen bin und alle Mädchen über mich lachten, liebe und...«*

▶ *»Auch wenn ich mich beim Springen so dumm angestellt habe, dass ich neben die Grube gesprungen und aufgeschlagen bin und mich so verletzte, liebe und...«*

180 Erfolgsthemen

Gibt es irgendwelche körperlichen oder mentalen Sensationen während der Sache? Kennen Sie solche Erscheinungen wie plötzliche Übelkeit, starker Harndrang, unerwartet starke Müdigkeit, vergessen wichtiger Vorübungen, Muskelkrämpfe usw.? Machen Sie EFT mit diesen Sensationen – sie »schützen« Sie vor Ihrem Erfolg, sie legitimieren die Begrenzungen, in denen Sie sich bewegen.

Fragen Sie sich anschließend, was geschehen wäre, wenn diese Sensationen nie stattgefunden hätten. Vielleicht öffnet sich eine weitere Tür zu neuen Aspekten oder Lösungen.

> Sehr hilfreich ist es, nach den vorgenannten Untersuchungen und Auflösungen die Sache noch einmal durchzuspielen. Was immer dann noch an Blockaden sichtbar wird (Mimik, Augen, Gestalt verraten das Zurückgehaltene), muss geklopft werden.

Verzeihen durch EFT heißt diese Altlasten entsorgen. Jegliche Selbstvorwürfe, Schuld, Scham, Ärger über vergangene Fehlleistungen, mangelhafte Performance, vergebene Tore, unerreichte Zeiten und mangelndes Selbstvertrauen – damals.

▶ *»Ich verzeihe mir mein mangelndes Selbstvertrauen beim...«*
▶ *»Ich verzeihe mir meine mangelnden Leistungen beim...«*
▶ *»Ich verzeihe mir meinen Anteil am Ausscheiden bei der Qualifikation.«*
▶ *»Ich verzeihe mir meine Angst vor...«*
▶ *»Ich verzeihe mir meine Anspannung vor der Veranstaltung.«*

Die abschließende Phase des Erlaubens und Wählens ist hier ein absolutes Muss!

Erfolg mit Freizeit- und Leistungssport 181

- »*Ich erlaube mir, anders zu sein als..., und meine Grenzen auszuweiten.*«
- »*Ich erlaube mir, mehr zu... als...*«
- »*Ich wähle, anders zu handeln als..., und damit erfolgreich zu sein.*«
- »*Ich bin bereit wahrzunehmen, wie ich die Übung ab jetzt mit absoluter Leichtigkeit vollende.*«
- »*Ich bin bereit wahrzunehmen, wie ich ab jetzt in jedem Spiel...*«
- »*Ich wähle, nicht mehr schwach zu werden, wenn ich Kraft brauche.*«

> Die EFT-Variante zur Überwindung von Stagnation oder Stillstand (Seite 197) kann für eine Leistungssteigerung ein große Hilfe sein.
>
> Wenn Sie mit EFT und den Hinweisen hier nicht erfolgreich sind, dann sehen Sie sich noch einmal die Aufzählung der Blockaden (Seite 79) an. Möglicherweise fällt Ihnen ein Aspekt auf, den Sie bisher nicht beachtet haben.

Andys Fitness

Eine völlig andere Art EFT anzuwenden berichtet Andy. Er schreibt, dass er beim Zuschauen einer Sportübertragung begann irgendwelche Punkte zu klopfen. Völlig fasziniert von dem Geschehen auf dem Bildschirm, klopfte er sich mit wechselnden Sätzen wie »*Auch wenn ich nicht so schnell laufen kann, liebe und... . Ich könnte aber schneller laufen. Ich habe eine sehr gute Kondition. Ich kann weiter springen. Ich treffe den Korb genau.*«

Diese Prozedur wiederholte er mehrere Abende beim Zuschauen, wie sich andere zu Höchstleistungen steigerten.
Er hatte gerade ein Fitnessprogramm begonnen und stellte fest, dass er danach schneller und weiter joggen konnte, ohne zu kollabieren und japsend die Übung abzubrechen.
Er wiederholte EFT vor dem Joggen und stellte fest, dass sich seine Leistungsfähigkeit mühelos ausweitete.

Marianne fährt Ski

Marianne lebt in einem Skigebiet und genießt gelegentlich das Skifahren. Was ihr Schwierigkeiten machte war die Geschwindigkeit. Ab einem bestimmten Tempo überkam sie die Angst. Dann spannte sie sich an und machte Fehler, manchmal stürzte sie. Da es einige wunderschöne Abfahren gab, die sie nie fahren konnte, aber wollte, machte sie den Versuch, EFT dafür anzuwenden.

Im Sessellift zur Bergstation klopfte sie alle Aspekte, die ihr zu ihrem Thema in den Sinn kamen: Entspannt Skifahren, in Kontrolle bleiben, furchtlos schnell fahren, frei von Angst vor einem Sturz. Die Sätze lauteten:

- *»Auch wenn ich so erschrecke, wenn es schnell wird, liebe und...«*
- *»Auch wenn ich es nicht gewohnt bin, so zu fahren, liebe und...«*
- *»Auch wenn ich es nicht gewohnt bin, so schnell zu fahren, erlaube ich mir, dabei entspannt und sicher zu sein.«*
- *»Auch wenn ich das vorher noch nie gemacht habe, wähle ich, bei der steilsten Abfahrt die Kontrolle zu behalten.«*

Erfolg mit Freizeit- und Leistungssport 183

- »*Auch wenn die anderen Leute schneller sind, liebe und...*«
- »*Auch wenn ich befürchte, zu stürzen und mich zu verletzen, liebe und...*«
- »*Ich beschließe, entspannt Ski zu fahren.*«
- »*Ich wähle, die Kontrolle zu behalten, auch wenn es schnell wird.*
- »*Ich werde völlig aufmerksam sein.*«

Schon bei der nächsten Abfahrt fühlte sie sich sicherer. Sie wiederholte die Prozedur mit jeder Auffahrt im Sessellift und fühlte sich zunehmend wohler und immer sicherer bei den Abfahrten.

***

Beim Sport kann man sich verletzen. Hier können Sie EFT vorsorglich einsetzen, wenn jemand vom Verletzungspech verfolgt wird oder es derartige Befürchtungen gibt. Das kann auch in einem Mannschaftscoaching gemacht werden und hat gute Resultate gezeigt. Anfänglich sind die Sportler etwas befremdet, sich selbst zu klopfen (auch wenn sie Boxer sind und das gewöhnt sein dürften) und Sätze zu murmeln (auch wenn sie auf dem Spielfeld laut schreien). Aber das gibt sich schnell nach den ersten messbaren Fortschritten.

Da bieten sich solche Sätze an, bei denen Sie »*liebe und akzeptiere ich mich voll und ganz*« mit »*bin ich ein hervorragender, guter, begnadeter, sicherer, zuversichtlicher, in mir ruhender...*« ersetzen:

- »*Auch wenn ich befürchte, vom Pferd zu fallen und mich zu verletzen, bin ich...*«
- »*Auch wenn ich befürchte, dass mein Sprunggelenk heute nicht durchhält, liebe und...*«

184 Erfolgsthemen

▶ »*Auch wenn ich jetzt angespannt bin, wenn ich an einen Elf-meter denke, bin ich völlig...*«

▶ »*Auch wenn mich die Gedanken an die Abfahrt nervös machen, bleibe ich...*«

▶ »*Auch wenn mich der Gedanke an die Freunde und die Familie im Publikum unsicher macht, weil ich heute auf gar keinen Fall einen Fehler machen darf, bin ich ein talentierter...*«

▶ »*Auch wenn mich das Ganze heute so aufregt, liebe und...*«

▶ »*Auch wenn ich dieses merkwürdige Gefühl im Bein habe und ich vermute, dass sich da eine Verletzung ankündigt, erlaube ich mir...*«

In den meisten Fällen wirkt das EFT gut, schnell und anhaltend. Die Werte der Angst, Befürchtung, Nervosität können mit wenigen Durchgängen auf Null gebracht werden.

Um die Sache abzurunden, können noch Sätze zur Stärkung und für mehr Selbstvertrauen geklopft werden. Wer hier Schwierigkeiten hat, die Sätze klar und deutlich auszusprechen, hat noch einen verborgenen Aspekt. Der ist dann aufzuspüren und mit EFT zu klopfen.

Probieren Sie Sätze wie:

▶ »*Ich wähle, eine einwandfreie Kür zu laufen.*«

▶ »*Ich wähle, eine fehlerfreie Abfahrt.*«

▶ »*Ich wähle, zuversichtlich und entspannt bei allen Durchgängen zu sein.*«

▶ »*Ich wähle, elegant zu laufen.*«

▶ »*Ich wähle, in meiner Kraft zu sein.*«

▶ »*Ich wähle, mich kraftvoll und konzentriert zu erleben.*«

Erfolg mit Freizeit- und Leistungssport 185

Ein Stabhochspringer der Weltelite antwortete auf die Frage, was ihn denn am meisten blockiert oder stört bei Wettkämpfen: »*... dass ich falsche Entscheidungen treffe – Sie wissen, wegen Anlaufgeschwindigkeit, Stabhaltung, Stabwahl, Körperhaltung.*« Auf die nächste Frage – während der gesamten Unterhaltung wird auf dem Gamutpunkt geklopft, um auf das eigentliche Thema zu kommen –, was denn daran problematisch ist, eine falsche Entscheidung zu treffen, kommt eine überraschende Erklärung. »*Ich habe Angst vor dem Ton, in dem die Medien darüber berichten, und deren Kritik an mir.*«

Im weiteren Verlauf des EFT kamen die Aspekte: »*... bin in einem autoritären Umfeld aufgewachsen. Besonders Vaters Stimme war laut und bestimmend. Vater trieb mich an, ich musste es auf seine Weise machen. Autoritärer Ton löst bei mir Schuldgefühle aus. Ich meine eine Bestrafung zu verdienen. Ich hasse diese Gedanken und Gefühle.*«

Ihnen dürfte klar sein, was geklopft wurde:
- »*Auch wenn ich die Stimme des Vaters im Kopf höre, liebe und...*«
- »*Auch wenn ich Probleme mit Autoritäten habe, liebe und...*«
- »*Auch wenn ich diesen Ton hasse, liebe und...*«
- »*Auch wenn ich mich dagegen wehre, kritisiert zu werden, liebe und...*«

Unser Spitzensportler hatte sich durch das EFT mit diesen Aspekten viel Erleichterung geschaffen. Doch beim nächsten Wettbewerb riss er wieder im entscheidenden, letzten Durchgang die Latte. Er ging unter Anleitung des Coaches noch einmal den Film des Sprunges durch und ertappte sich dabei, dass er vor dem Sprung auf der Bank saß und schon an einer Entschuldigung für seinen Fehler formulierte. Sein Wettbewerb war in diesem Moment beendet.

Von da an nutzte er selbst EFT vor und nach jedem Wettbewerb. Er visualisierte sich höher springend, eleganter springend etc. Er wurde besser, erfolgreicher, sicherer. Er konnte sogar seine Vorbedingung für gute Sprünge – warmes, sonniges Wetter – bei einem Wettbewerb im regnerischen, kühlen Finnland durch EFT vor dem Wettbewerb außer Kraft setzen und dort gegen die besten Springer der Welt gewinnen.

Ein letztes Beispiel zum Sport von einer Kursteilnehmerin aus der Schweiz

»Lieber Erich, ich möchte Dich noch über die Neuigkeiten der Universitäts-Hockeyaner informieren.

Sie hatten einen Vortrag über EFT von mir gehört. Zu meiner Überraschung haben sich diese Männer am Samstag vor dem Spiel ›beklopft‹! Es gehörte hemmungslos zur Vorbereitung des Playoutspiels!

Des weiteren wünschte sich der Torhüter eine EFT-Sitzung. Knieschmerz. Verdacht auf Meniskusverletzung laut Sportarzt. Nach der 1. EFT-Sitzung konnte er am Torhütertraining teilnehmen (Donnerstag). Nach dem 2. EFT (am Samstag vor dem Spiel) war er in der Lage, das ganze Spiel schmerzfrei zu spielen.

Und so klopfen wir weiter... alles, was uns noch unsicher macht, und erlauben der ganzen Mannschaft, mit Begeisterung, Selbstsicherheit und Konzentration zu spielen um den Ligaerhalt in der NLB.«

ERFOLG MIT SORGEN ÜBER DIE ZUKUNFT

Sorgen kann ich mich nur, wenn ich etwas erfahren habe, was nicht klappte oder mich stresste in der Vergangenheit. Wenn ich keine negativen Erfahrungen als Erinnerungen habe, kann ich die Zukunft nur positiv sehen – oder ist das bei Ihnen etwa anders?

EFT können Sie geschickt einsetzen, um sowohl die vergangenen Situationen als auch die zukünftigen Situationen zu klopfen, die einen ähnlichen Inhalt haben.

Beispielsweise folgt dem Phänomen »Liebeskummer« eine Befürchtung der Wiederholung in der Zukunft.

Dem verlorenen Rechtsstreit folgt die Angst vor dem nächsten Rechtsstreit. Der ersten Diagnose einer schweren Krankheit folgt das argwöhnische Beobachten des Körpers und die Angst vor dem nächsten Arztbesuch.

Den Schmerzen bei der ersten Zahnbehandlung folgt die Panik vor der nächsten, nötigen Zahnuntersuchung.

Dem sportlichen oder beruflichen Versagen von damals folgt die Angst vor dem Versagen in der Zukunft – was dann meistens auch geschieht, weil wir das Versagen dadurch kreieren.

Dem können Sie jetzt noch eine lange Liste von Befürchtungen und Sorgen vor der Zukunft hinzufügen bis hin zur eigenen Beerdigung.

Als Beispiel nehme ich einen Fall mit Beziehungsthema. Meine Klientin hatte von ihrem Freund vor einem halben Jahr erfahren, dass er sich von ihr trennen wird. Er hatte eine andere Frau kennen gelernt, war auch schon öfters mit ihr sexuell zusammen gewesen und wollte nun ganz mit ihr zusammen sein. Seitdem schlief sie kaum, aß kaum, weinte viel,

188 Erfolgsthemen

fühlte sich einsam, nutzlos, verlassen usw. Sie war »am Ende«. Wie viele Leser und Leserinnen können das nachempfinden?!

Als »Erste Hilfe« bietet sich an, die momentane Situation erst zu entschärfen und zu beruhigen mit den üblichen Lösungssätzen. In diesem Fall war bedeutungsvoll:

...ausgerechnet mit dieser Frau betrog er mich
...ausgerechnet mit dieser Frau will er leben
...ich weiß nicht, was sie hat, was ich nicht habe
...fühle tiefe Traurigkeit
...und da ist Wut
...und ärgere mich über mich
...dass er mit ihr schlief
...meine wochenlangen Schlafstörungen
...keinen Appetit mehr
...mir droht Einsamkeit
...fühle mich nutzlos
...bin voller Verbitterung

Nach einigen Durchgängen konnten wir der momentanen und der vergangenen Befindlichkeit die »Spitze« nehmen. Sie war bei allen Punkten auf Null gekommen. In solchen Fällen kann eine sanfte Provokation, ein Übertreiben und das Einbringen der besten Freundin hilfreich sein.

»Nun, das kann dir mit ihm nicht mehr passieren!«
»Immerhin hat sich diese Frau geopfert, damit du aus der Beziehung kommst und jetzt EFT kennen lernst.«
»Schließlich kann dich jetzt keiner betrügen.«
»Du warst wahrscheinlich nicht die erste Frau, die er betrogen hat, oder wie war das mit eurem Kennenlernen?«

Erfolg mit Sorgen über die Zukunft 189

»So tief kann die Liebe nicht gewesen sein, oder?«
»Wenn du deine beste Freundin fragst, was sagt sie dazu?«
»Wenn du dir von draußen auf dem Balkon stehend zuhören und zusehen würdest, was würdest du dir empfehlen?«

Erst jetzt konnte ich einen Zukunftstest machen. Wenn sie sich vorstellte, den Mann wiederzutreffen – was in der Kleinstadt durchaus möglich oder gar unvermeidlich war –, wie würde sie reagieren? Natürlich waren sofort hohe Werte da, von 0 auf 8, 9, 10. Wir bearbeiteten mit EFT diese Inhalte:
...verletzt sein
...ihn auch verletzen wollen
...immer noch eine Erklärung suchen
...ihn zur Rede stellen

Nachdem diese Themen emotionslos, entspannt wiederholt werden konnten, kam eine Steigerung, in dem die andere Frau ins Spiel kam. Hier stellte sie sich vor, ihn mit der anderen Frau zu sehen, beiden zu begegnen. Es gab allerhand zu klopfen bezüglich:
»Ich könnte ihr Gesicht zerkratzen.«
»Ich würde sie anschreien.«
»Ich würde weglaufen.«
»Ich würde erstarren.«
»Sie hat mir meinen Mann gestohlen.«
»Sie ist eine Betrügerin.«

Als alle Aspekte keine Unruhe mehr erzeugten und keine Verwünschungen oder Verfluchungen auftauchten, konnten wir noch einen Test machen, indem sie sich vorstellte, ihn zu treffen und mit ihm zu reden, ihn mit ihr zu sehen und nicht

190 Erfolgsthemen

die Straßenseite zu wechseln beim Zusammentreffen. Erst als diese Vorstellungen keinen Stress mehr auslösten, konnten wir die Sitzung beenden. Wir hatten das Schlaf- und Essverhalten nicht angesprochen, weil es die Folge der emotionalen Blockaden sind. Sie berichtete später, dass alle behandelten Situationen inzwischen mehrfach stattgefunden haben, aber – welch Wunder – sich kein Gefühl regte. Eher hatte sie Mitgefühl mit der anderen Frau, die möglicherweise die nächste Betrogene sein würde.

***

Fügen Sie anstelle der Beziehungsinhalte einfach eine andere Situation ein, und Sie können gleich damit EFT machen. Formulieren Sie die Sätze für die befürchteten, besorgten, beängstigenden Zukunftsereignisse etwa so:

▶ *»Auch wenn es bis jetzt noch nicht geschehen ist, aber geschehen könnte, dass..., liebe und...«*

▶ *»Auch wenn ich jetzt schon schaudernd daran denke, was geschehen könnte, wenn ich wieder..., liebe und...«*

▶ *»Auch wenn es nicht absehbar ist, aber doch passieren könnte, dass..., liebe und...«*

▶ *»Obwohl es noch nicht so weit ist, aber irgendwann so weit sein könnte, dass..., liebe und...«*

Nicht das Erlauben vergessen!

▶ *»Ich wähle, frei von diesen Sorgen zu sein.«*

▶ *»Ich entscheide, der Sache keine Aufmerksamkeit zu geben.«*

▶ *»Ich wähle, hier und jetzt zu leben statt in der Zukunft.«*

▶ *»Ich entscheide mich für den Fortschritt.«*

»Ich wähle mein Glück.«

Vielleicht noch Verzeihen? Es kostet nichts.

- *»Ich verzeihe ... für ...«*
- *»Ich verzeihe mir, dass ich nicht rechtzeitig ...«*
- *»Ich verzeihe mir, dass ich mich selbst so blockierte.«*
- *»Ich verzeihe mir, dass ich so ... war.«*
- *»Ich verzeihe allen, die mich in diese Situation brachten.«*

***

Bezüglich Beziehungs- und Partnerschaftsthemen finden Sie mehr dazu in meinem Buch *»Endlich frei in der Partnerschaft – Beziehungsblockaden auflösen mit Emotional Freedom Techniques – EFT«*, Allegria 2005.

ERGÄNZUNGEN ZUR METHODE

SPEZIELLE TECHNIKEN

EFT-Variante »Wechselnde Sätze«

> Machen Sie *keine* Gamutsequenz während der Durchgänge, wenn es mehrere sind. Sie können es am Ende aller Durchgänge machen oder auch nicht. Machen Sie nach jedem Durchgang eine kurze Pause zum tiefen Durchatmen. Trinken Sie Wasser.

Die Methode besteht aus diesen 5 Schritten:

Schritt 1: Das Thema oder Problem
»Ich habe immer Probleme mit Geld. Es ist nie genug da.«

Schritt 2: Skalierung abfragen
»Wert 8.«

Schritt 3: Klopfen Sie den Karatepunkt und wiederholen Sie den Lösungssatz dreimal
»Auch wenn ich Probleme mit ausreichend Geld habe, liebe und...«

Schritt 4: Klopfen Sie mit der Kurzform des Themas, des Lösungssatzes
»Mein Problem mit Geld.«

Klopfen Sie diese Punkte dabei:
Auge Innen – Auge Außen – Unter Auge – Unter Nase – Kinn
– Schlüsselbein – Unter Arm – Kopfmitte bzw. Fontanellen-
punkt

Schritt 5: Die positive Aussage
Es werden 8 positive Aussagen oder Sätze gebildet bezüglich
des Zieles, des Wunsches, der Veränderung.
Die Sätze können während des Klopfens gebildet werden –
das erfordert etwas Kreativität, seien Sie spielerisch, bilden Sie
keine überlangen Konstruktionen oder komplizierten Sätze.

Klopfen Sie je eine Aussage auf einem Punkt:
»Ich weiß, dass ich das lösen werde« – Auge Innen
»Ich bin bereit, es aufzulösen« – Auge Außen
»Ich werde es ändern« – Jochbein
»Ich bin es wert, mehr Geld zu erhalten« – Unter Nase
»Ich muss mich dafür nicht anstrengen« – Kinn
»Ich fühle mich wohl ohne das Problem« – Schlüsselbein
»Ich schätze mich mehr und mehr für diesen Schritt« – Unter
  Arm
»Ich bin bereit für mehr Geld in meinem Leben« – Kopfmitte

Schritt 6: Skalierung abfragen
Wenn der Wert noch nicht auf Null ist: *» Wie fühlen Sie sich
jetzt damit? Haben Sie noch Bedenken? Ist Ihnen wohl damit?
Was könnte Sie noch daran hindern, es zu erleben? Welche ein-
schränkenden Überzeugungen haben Sie zu diesem Thema?
Zweifeln Sie noch oder wieder?«*
Beginnen Sie mit Schritt 1 und machen Sie die Methode noch
einmal. Nötigenfalls mit allen Aspekten, die auftauchen.

EFT-Variante »Thema zerlegen«

Wir gehen davon aus, dass es einen Teil der inneren Vorstellung gibt, der eine begrenzende Überzeugung oder begrenzenden Glauben bildet und gleichzeitig einen anderen Teil oder den ganzen Rest der inneren Vorstellungen, der durchaus Wille, Möglichkeit und Stärke kennt.

Dieses nun folgende *3-Schritte-EFT* zu machen heißt, dass die negative begrenzende Vorstellung beispielsweise einer Schwäche, durch eine erfahrene positive Wahrheit neutralisiert wird. Dann fügen wir dem noch eine Entscheidung hinzu. Wichtig ist, dass es dann auch gemacht wird und nicht beim Wunschdenken bleibt.

Diese Variante stellt eine Erweiterung des klassischen EFT dar und es ist gut, sie zu beherrschen, wenn Sie EFT mit anderen Menschen machen. Dabei kann es den Prozess aufhalten, wenn Sie währenddessen die Sätze nicht genau formulieren oder verwechseln.

Wir machen diese *3 Schritte* und klopfen den Lösungssatz auf dem Karatepunkt oder massieren die Einstimmungszone mehrfach hintereinander:

1. *»Obwohl ein Teil von mir denkt, dass...*

2. *weiß der Rest von mir, dass... und*

3. *ich bin bereit/entscheide mich dafür... zu tun/zu erleben/zu erfahren!«*

In vielen Fällen lösen sich Blockaden sehr schnell auf – die Effektivität des EFT wird viel besser.

Beispiel: Eine Frau befürchtet, dass sie keine Arbeit finden kann, weil sie so lange aus dem Arbeitsprozess raus ist. Mittlerweile hat sich die Arbeit im Büro so verändert. Das mag stimmen, aber entspricht nicht der ganzen Wahrheit, weil sie durchaus Fähigkeiten hat – nur hat sie diese lange nicht eingesetzt. Für sie gilt diese Satzfolge:

▶ *»Obwohl ein Teil von mir befürchtet, dass ich keine Arbeit finden kann, weil sich alles verändert hat, weiß ein anderer Teil, dass ich einige Sachen immer noch sehr gut kann, und ich bin bereit, mich zu lieben und zu akzeptieren, unabhängig davon, ob ich alles kann oder nicht.«*

EFT-Variante »Gegenteil-Klopfen«

Konzentrieren Sie sich auf Ihr Thema. Wählen Sie einen Zustand, den Sie erfahren möchten. Wählen Sie ein Ziel. Beides muss groß, phantastisch, wagemutig – weit über dem Alltagserleben und den bisherigen Erfahrungen – liegen. Es darf utopisch sein. Ohne solche Ziele wäre niemand in den Weltraum geflogen. Ohne solche Ziele wäre EFT nicht so weit verbreitet.

Fragen:
»Welche Träume hatten Sie als Kind und haben Sie später aufgegeben?«
»Wem möchten Sie gerne ähnlich sein?«
»Was würden Sie gerne tun, was Sie bisher nicht tun konnten?«
»Was würden Sie gerne tun, arbeiten, versuchen, kennen lernen, erfahren?«
»Wo möchten Sie sein, wenn Ihr Wunsch erfüllbar wäre?«

»Wie würden Sie gerne aussehen, wenn Ihnen der Erfolg, das Erreichen sicher wäre?«

Zweifel? Ein Durchgang EFT!

▶ »Auch wenn ich daran zweifle, dass ich (das Ziel, der Wunsch) kann, liebe und...«

Einwände? Ein Durchgang EFT!

▶ »Auch wenn ich glaube, die Fähigkeiten nicht zu haben oder nie etwas Entsprechendes dafür gelernt habe, um (das Ziel, der Wunsch)zu erreichen, liebe und...«

▶ »Auch wenn ich zu (mit jeglichen Begrenzungen) tendiere, liebe und...«

Zweifel-Beschluss-Satz. Ein Durchgang EFT!

▶ »Auch wenn ich mir nicht vorstellen kann und auch wenn ich sehr daran zweifle, dass (der Wunsch, das Ziel, die Veränderung) möglich/machbar ist, liebe und...«

Beschluss-Beschluss-Satz. Ein Durchgang EFT!

▶ »Auch wenn ich... kann/erreiche/schaffe, und selbst wenn ich... werde..., liebe und...«

▶ »Auch wenn ich... habe/erreicht habe, und auch wenn ich ...bin..., liebe und...«

Wiederholen Sie den Satz dreimal mit Klopfen auf dem Karatepunkt und nehmen Sie abwechselnd einzelne Aussagen auf verschiedenen Punkten. Einen Wert brauchen Sie dafür nicht zu schätzen.

EFT-Variante »Stagnation überwinden«

Jetzt erhalten Sie eine spezielle Methode des EFT. Jane Hartmann aus England hat sie entwickelt (von ihr stammt auch die Methode »Emotrance«). Die Methode ist sehr effizient und eignet sich für jegliche Stagnation oder Schwäche, für Veränderungsblockaden, für mangelnden Erfolg, Schwächezustände, schlechte Selbstorganisation, mangelnden Selbstwert u.v.m. Sie kann auch für mehr mentale und körperliche Leistungsfähigkeit eingesetzt werden. Sie hilft beispielsweise, den Stoffwechsel anzukurbeln, was zu einer höheren Fettverbrennung beiträgt.

Ein Beispiel: Ein Mann hatte anhaltend Erkältungen, war permanent verschleimt, hatte einmal Grippe im letzten Jahr und befürchtete, eine weitere Grippe sei »im Anflug«. Nach einmaligem Anwenden dieser Methode steigerte sich die Leistungsfähigkeit seines Immunsystem von 35% auf 75 %. In der Folgezeit traten keine Symptome mehr auf.

Die Durchführung:

1. Einschätzung
Stellen Sie sich ein Messgerät vor, welches Ihnen bis 100 Prozent Ihrer *persönlich* möglichen Leistung zeigt. (Thermometer, Drehzahlmesser, Reifendruckmesser . . .) Es geht nicht um irgendwelche Spitzenwerte von irgendwelchen Spitzensportler oder Idolen und Vorbildern wie Models, Rennradfahrern, Spitzenmanagern, Schauspielern, Schachweltmeistern.
Die »persönliche« Leistung verhindert ein mögliches Überreagieren, eine Überforderung. Die persönlichen Werte können im Laufe des EFT erhöht werden wie bei einem Fitness-

198 Ergänzungen zur Methode

training. Die Einschätzung kann vermutet werden. Der Wert
dient der Kontrolle des Erfolges der Methode.
»Wie sehr, wie stark, wie viel, zu wie viel Prozent...«

2. Ein EFT-Durchgang mit Lösungssatz

Bei körperlichen Themen – wie trägem Stoffwechsel oder
schwacher körperlicher Verfassung – empfehle ich, den Punkt
»Unter Nase« mit dem Lösungssatz zu klopfen oder zu massieren.

▶ *»Auch wenn mein Stoffwechsel bei 60 Prozent ist, liebe und...«*
▶ *»Auch wenn meine Effizienz bei 30 Prozent ist, liebe und...«*
▶ *»Auch wenn meine Erfolge bei 50 Prozent sind, liebe und...«*
▶ *»Auch wenn ich zu nur 80 Prozent scharf sehe, liebe und...«*
▶ *»Auch wenn ich nur zu 25 Prozent wach und klar bin, liebe
und...«*

Kurzformen auf allen Punkten und dem Fontanellenpunkt,
außer den Fingerpunkten, klopfen. Keine Gamutsequenz.
▶ *»25 Prozent wach und klar.«*
▶ *»Erfolg bei 75 Prozent.«*
Damit werden die meisten Blockaden gegen den Prozess geklärt und man kann zum nächsten, spezifischen Schritt übergehen.

3. Wunsch/Erlauben

Erlaubenssatz auf der Einstimmungszone oder dem Karatepunkt massieren/klopfen.
▶ *»Ich möchte alles loslassen was meinen Körper blockiert, begrenzt, verlangsamt, müde macht.«*
▶ *»Ich bin bereit, alles aufzugeben, was meine Augen blockiert.«*
▶ *»Ich bin bereit, meine Zögerlichkeit aufzugeben.«*

Spezielle Techniken 199

▶ »*Ich möchte meine Steuern rechtzeitig abgeben.*«
▶ »*Ich möchte meine Kunden nicht warten lassen.*«
▶ »*Ich bin bereit, wacher und klarer zu sein.*«
▶ »*Ich bin bereit, meine Vereinbarungen zeitlich einzuhalten.*«
▶ »*Ich bin bereit, schneller zu laufen.*«

Kurzformen auf allen Punkten und dem Fontanellenpunkt,
außer den Fingerpunkten, klopfen. Keine Gamutsequenz.

▶ »*Alles loslassen, was müde macht.*«
▶ »*Zögerlichkeit aufgeben.*«
▶ »*Verpflichtungen nachkommen.*«

4. Reparatur
Reparatur- oder Bereitschaftssatz auf der Einstimmungszone
oder dem Karatepunkt massieren/klopfen.

▶ »*Ich möchte alles reparieren, was meinen Körper/meinen
Stoffwechsel/meine Augen schwach/mich langsam/mich träge/
meinen Körper schmerzhaft macht.*«
▶ »*Ich beschließe, alle Widerstände aufzugeben, die meine Ar-
beit erschweren.*«
▶ »*Ich bin bereit, alle Blockaden aufzulösen, die mein Lernen
erschweren.*«
▶ »*Ich wähle, alles zu klären, was in meinem Geschäft schwierig
ist.*«
▶ »*Ich möchte, dass mein Stoffwechsel optimal arbeitet.*«
▶ »*Ich möchte, dass meine Augen scharf sehen.*«
▶ »*Ich wähle geistige Klarheit und dauerhafte Aufmerksamkeit.*«
▶ »*Ich wähle, meine Arbeiten schnell und ordentlich zu machen.*«
▶ »*Ich möchte, dass mein Körper überflüssiges Fett abbaut.*«
▶ »*Ich wähle, meine Termine einzuhalten.*«
▶ »*Ich entscheide, mein Leben freudiger zu erleben.*«

200 Ergänzungen zur Methode

Kurzformen auf allen Punkten und dem Fontanellenpunkt, außer den Fingerpunkten, klopfen. Keine Gamutsequenz.

▶ *»Alles reparieren was langsam macht.«*
▶ *»Termine einhalten.«*
▶ *»Geistige Klarheit.«*

Machen Sie EFT mit dem letzten Satz, bis sich ein bedeutend höherer oder besserer Wert einstellt. Oder Sie sich besser, wacher, zuversichtlicher, stärker, glücklicher, zufriedener fühlen. Bestenfalls zeigt das Messgeräte 100 Prozent an.

Doch hören Sie auf, wenn Sie nicht weitermachen möchten.

Mögliche Folgen einer Anregung des Körpers, von Körpersystemen, von Stoffwechsel können Wachheit, Klarheit, Tatendrang, Kreativität, Energiezunahme im Allgemeinen sein. Das kann auch weniger Schlafbedürfnis bedeuten.

UND WIE BLEIBE ICH ERFOLGREICH?

Wie erfolgreich ein Mensch in seinem Leben ist, wird beispielsweise durch die Art und Weise bestimmt, wie er reagiert, wenn sich seine Aufmerksamkeit erschöpft:

* Er wird Opfer, betont seine Unfähigkeit als Ausrede; dieser wird nie erfolgreich werden oder bleiben.

* Er gibt auf und kritisiert die gestellte Aufgabe; dieser wird selten erfolgreich werden oder bleiben.

* Er versucht Tricks und Abkürzungen – er rationalisiert, wandelt Schritte ab; dieser braucht ständige Überwachung und genaue Anweisungen; dieser wird selten erfolgreich und verliert es wieder.

* Er wird wütend und gereizt, reagiert durch Beschuldigen anderer oder über sie Witze machend; dieser wird nur erfolgreich, wenn man ihm seine Verantwortung aufzeigt; ihm gönnt man keinen Erfolg und blockiert ihn; ungünstige Aussichten.

* Er gibt einfach zu, sich überwältigt zu fühlen, ohne sich selbst dabei schlechtzumachen; reagiert mit »es noch einmal versuchen«; er unterteilt die Aufgabe in kleine, überschaubare Schritte, die mit minimalem Aufmerksamkeitsverlust korrekt ausgeführt werden können; er übt, trainiert; dieser ist erfolgreich und bleibt es.

202 Ergänzungen zur Methode

Vielleicht finden Sie noch letzte Reste von Blockaden mit diesen »Aus-Reden«:

- »Wer hoch hinauf kommt, wird tief fallen.«
- »Auf sieben fette Jahre folgen sieben magere Jahre.«
- »Wer weiß, wie lange das anhält.«
- »Das kann doch nicht lange gut gehen.«
- »Und was kommt dann?«
- »Werde ich es ertragen?«

Der EFT-Prozess auf einen Blick

❶ Thema / Problem finden und genau beschreiben

❷ Einschätzung/Stresswert 0 – 10

❸ Einstimmungszone massieren, dazu 3-mal Einstimmungssatz: *»Auch wenn..., liebe und akzeptiere ich mich voll und ganz.«*

❹ Klopfen der Punkte 1 bis 13 mit Wiederholung des Themas in Kurzform

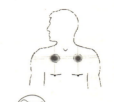

❺ Gamutsequenz mit ständigem Klopfen der Gamutzone, ohne Kurzform zu wiederholen

– Augen schließen
– Augen öffnen und nach links unten und rechts unten auf den Boden sehen
– Augen rollen im Uhrzeigersinn / entgegen dem Uhrzeigersinn
– Summen
– Zählen
– Summen

❻ Klopfen der Punkte 1 bis 13 mit Wiederholung des Themas in Kurzform

❼ Erneute Einschätzung 0 – 10

Informationsempfehlungen

Die Informationsseite von Gary Craig über EFT – wo Sie auch einen kostenfreien, wöchentlichen Newsletter abonnieren und das originale EFT-Manual runterladen können (englisch und deutsch):

www.emofree.com

Ausführlicher Artikel einer Studie zum Stand der Energiepsychologie (englisch):

www.emofree.com/pdf-files/feinstein-research-paper.pdf

Weitere Titel des Autors

»*Endlich frei! Mit EFT – Emotionale und körperliche Blockaden auflösen*«
Ullstein Buchverlage 2005

»*Endlich frei in der Partnerschaft – Blockaden auflösen mit Emotional Freedom Techniques™ – EFT*«
Allegria 2005

Kontakte

Wenn Sie mich kontaktieren möchten wegen Trainings, Kursen, Einzelsitzungen oder speziellem Coaching:

Erich Keller
Tel. (++49) 08141/18436
www.erich-keller.de
eft@erich-keller.de

Wenn Sie einen EFT-Practitioner wegen Einzelsitzungen oder Kursen in Ihrer Umgebung suchen, empfehle ich diese Webseiten:

www.eft-dach.org
www.eft-info.com
www.therapeuten.de
www.eft-netzwerk.de

Das Einführungsbuch für jeden – der EFT-Bestseller von Erich Keller

Emotional Freedom Techniques (EFT) ist eine völlig neuartige, einfach zu erlernende Methode, mit der man sich selbst von Phobien, psychosomatischen Schmerzen, Depressionen, inneren Zwängen und Beziehungsproblemen befreien kann. Durch Affirmation und das rhythmische Berühren bestimmter Akupressur-Punkte verlieren sich alle Arten von inneren Blockaden mit ein bis zwei Anwendungen in wenigen Minuten.

ERICH KELLER
Endlich frei! Mit EFT
€ 7,95 · 160 Seiten
ISBN: 978-3-548-74278-6

ERICH KELLER
Endlich frei in der Partnerschaft
Geb. € 16,– · 182 Seiten
ISBN: 978-3-7934-2016-3

Der neue Lebenshilfe-Bestseller aus den USA

LAURA DAY
Willkommen in der Krise
Ihre Chance für ein neues Leben
256 Seiten
€ [D] 19,95 / € [A] 20,60/ sFr 34,80
ISBN 978-3-7934-2079-8

Mit viel Humor und unter Anwendung praktischer Intuition gibt Laura Day Anleitungen zur persönlichen Krisenbewältigung. Ihr Buch ist die leicht anwendbare Lebenshilfe für alle, die sich in einer ausweglosen Situation gefangen fühlen. Statt zu resignieren, ist die Krise hier der Ausgangspunkt für einen Neubeginn. »Der beste Ausgangspunkt für den neuen Anfang ist der ganz unten.« Dabei geht es nicht nur um das allgemeine Verständnis der Situation, sondern um ein leicht erlernbares Programm, mit dem jeder sein Leben wieder in den Griff bekommt.

Deepak Chopras Antworten auf die Fragen unserer Existenz

DEEPAK CHOPRA
Bewusst glücklich
Das neue Handbuch zum erfüllten Leben
224 Seiten
€ [D] 19,95 / € [A] 20,60/ sFr 34,80
ISBN 978-3-7934-2096-5

In »Bewusst glücklich« betrachtet Deepak Chopra das Geheimnis unseres Daseins und die entscheidende Frage, was unser Leben für die ewige Suche nach dem Glück bedeutet. Wer bin ich? Woher komme ich? Wohin gehe ich, wenn ich sterbe? Chopra schöpft aus den alten Quellen der Vedanta-Philosophie und den Forschungsergebnissen der modernen Naturwissenschaft, um uns so zu helfen, unser wahres Wesen zu verstehen. Wenn uns das gelingt, beginnen wir aus der Quelle eines dauerhaften Glücks zu leben. Wenn wir wissen, wer wir sind, hören wir auf, uns der im Kosmos bestehenden inneren Intelligenz zu widersetzen.